什么是初中物理

张虎岗——著

清华大学出版社

北京

图书在版编目（CIP）数据

什么是初中物理/张虎岗著.—北京：清华大学出版社，2022.7（2025.7重印）
ISBN 978-7-302-61187-5

Ⅰ.①什… Ⅱ.①张… Ⅲ.①中学物理课－初中－教学参考资料 Ⅳ.①G634.73

中国版本图书馆 CIP 数据核字（2022）第 110399 号

责任编辑：胡洪涛
封面设计：意匠文化·丁奔亮
责任校对：赵丽敏
责任印制：丛怀宇

出版发行：清华大学出版社
   网 址：https：//www.tup.com.cn，https：//www.wqxuetang.com
   地 址：北京清华大学学研大厦 A 座   邮 编：100084
   社 总 机：010-83470000   邮 购：010-62786544
   投稿与读者服务：010-62776969，c-service@tup.tsinghua.edu.cn
   质量反馈：010-62772015，zhiliang@tup.tsinghua.edu.cn
印 装 者：涿州市般润文化传播有限公司
经 销：全国新华书店
开 本：145mm×210mm 印 张：5.25 字 数：121 千字
版 次：2022 年 7 月第 1 版 印 次：2025 年 7 月第 18 次印刷
定 价：45.00 元

产品编号：095935-01

前　言

物理是什么？

一般情况下，这并不是一个很难回答的问题——物理学是一门十分有趣的学科，它研究声、光、热、力、电等形形色色的物理现象。这是教科书给出的答案。

为了让学生感受到物理"十分有趣"，老师会精心挑选图片、视频，展示各类有趣的物理现象，再拿出仪器做几个"神奇"的实验。在成功引起学生的兴趣后，再联系社会、生活实际阐述物理在社会、生活中的种种应用。

多年以来，我的物理课首秀都是这样亮相的。但是，物理第一课只能是这样的吗？直到有一天，我在朋友圈刷到一个小视频。这是一个很普通的视频：几只大白鹅悠然自得地浮在平静的水面上，慢慢地消失在远处。那一刻，我想到：如果即将学习物理的学生看到这个画面会想到什么？

或许是"鹅鹅鹅，曲项向天歌。白毛浮绿水，红掌拨清波。"——这首朗朗上口的《咏鹅》可是学龄前儿童的必读篇目。

或许是"王羲之爱鹅"的名人佚事，或许是"朱元璋蒸鹅杀徐达"暗黑传闻。——这是历史迷的专长。再专业一点儿，或许还知道鹅是人类驯化的第一种家禽，时间可以追溯到三四千年前。

或许是"鹅是鸟纲雁形目鸭科动物的一种。头大,喙扁阔,前额有肉瘤。脖长,尾短,脚大有蹼。食青草,耐寒,善于游泳……"——这是生物课上的内容。

或许是"有若干鸡兔同在一个笼子里,从上面数,有 35 个头,从下面数,有 94 只脚。问笼中各有多少只鸡和兔?"(呃,错了,是鸡。不过也说得过去,鹅和鸡都是两条腿嘛!)——显然,这是数学课上的常见题。

或许是"头戴红帽子,身披白袍子。走路摆架子,唱歌伸脖子。"又或许是"一群大白鹅,扑腾跳下河。河水涨起来,一起浮上坡。"——没错,这是富有童趣的谜语。

当然,你或许还会想到香味扑鼻的烧鹅,说不定还能来上一句"鹅之大,一锅炖不下"。

这些由"鹅"引发的联想,无不与个人已有的经验、知识或爱好有关。

如果学习了物理,又会想到什么呢?

例如,鹅毛为什么是白色的? 鹅掌为什么是红色的? 水(绿水)为什么是绿色的? 鹅的叫声是怎么发出的? 怎样被人听到的?如何区分鹅的叫声和鸭子的叫声? ——这些问题与光和声的知识有关。

例如,鹅的体积有多大? 有多重? 游得有多快? 往前游时,为什么要用掌向后拨水? 为什么能浮在水面上而没有沉入水底? ——这些需要用力与运动的知识才能给予解答。

你看,学了物理就又可以从"鹅"联想到这么多问题。

所以说,学习了物理,面对熟悉或不熟悉的事物,便会多一个观察和思考的角度。对于我们来说,也许这才是最有趣的。

同样,也希望这本书能带你发现一个认识初中物理的新视角。

目　录

01 | 物理"西游记"

说物理是一部《西游记》,并非信口开河。

在《西游记》里有五大势力:天庭、道教、佛教、人间、妖族。在初中物理中也有五大知识版块:声、光、热、力、电。

《西游记》的五大势力中有着形形色色的人物。天庭有玉帝、太白金星、托塔天王、哪吒三太子、巨灵神等;道教有太上老君、镇元子等;佛教有如来佛、观音菩萨、文殊菩萨等;人间有唐朝、女儿国、比丘国等各国国王和臣民;妖族更是数不胜数,黄风怪、蜘蛛精、老鼠精、蝎子精等。

同样,物理的各个知识版块中也有着不计其数的物理概念。声学有声源、声速、噪声、乐音等;光学有光源、光速、镜面反射、漫反射、凸透镜、焦点、焦距等;运动和力中有机械运动、参照物、速度、匀速直线运动、力、弹力、重力、摩擦力、压强、浮力等;热学中有六种物态变化、内能、比热容、热机等;电与磁中有电荷、电路、电压、电流、电阻、电功、电功率、磁极、磁场等。如图 1-1 所示。

还有更巧合的。在《西游记》中,有些角色亦善亦恶。例如,天庭的奎木狼,在上界名列二十八星宿,下凡却变成了黄袍怪,回归天庭后又在小雷音寺助孙悟空脱困、在玄英洞帮孙悟空大战犀牛精;文殊菩萨的坐骑青毛狮子,也偷跑到狮驼岭为王,与白象、大鹏

声

| 产生 | 传播 | 接收 |

声源 — 介质 声速 — 人耳结构 听觉频率范围

超声 声音 次声 — 噪声 乐音 — 音调 响度 音色 — 频率 振幅

(a)

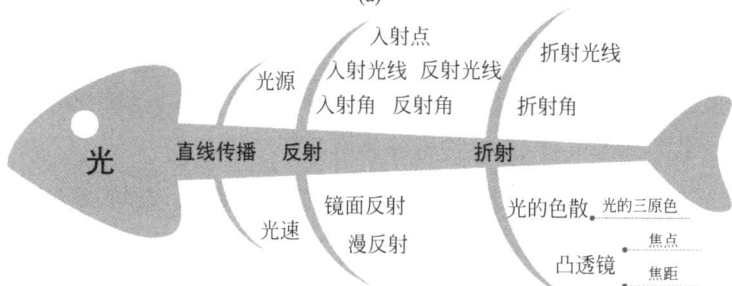

光

直线传播 反射 折射

光源 光速 — 入射点 入射光线 反射光线 入射角 反射角 镜面反射 漫反射 — 折射光线 折射角 光的色散 — 光的三原色 凸透镜 — 焦点 焦距

(b)

热

性质 内能 物态变化

温度 比热容 热值 — 做功 热机 热传递 — 熔化 — 熔点 汽化 — 蒸发 沸腾 — 沸点 升华 凝固 — 凝固点 液化 凝华

(c)

机械能 描述 运动 力 描述 种类

重力势能 弹性势能 — 势能 参照物 惯性 动能 — 曲线运动 直线运动 匀速直线运动 — 功 功率 机械效率 简单机械 — 杠杆 滑轮 滑轮组 斜面 — 力的三要素 力的示意图 — 摩擦力 重力 — 重心 弹力 压力 升力 浮力

(d)

图 1-1

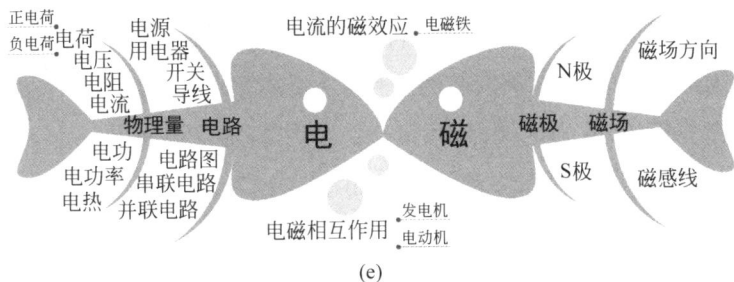

正电荷
负电荷
电荷
电源
用电器
开关
导线
电压
电阻
电流
物理量　电路
电功
电功率
电热
电路图
串联电路
并联电路

电流的磁效应　电磁铁

电　磁

电磁相互作用
发电机
电动机

N极
磁极　磁场
S极
磁场方向
磁感线

(e)

图 1-1 （续）

两个妖怪结拜为兄弟，要吃唐僧肉。

在初中物理知识中也是一样，摩擦、惯性、电热……与我们的生活息息相关，它们一方面满足我们的生存、娱乐等各种需求；另一方面又带给我们"无情"的伤害。

如果没有摩擦，我们将握不住笔、穿不了衣、吃不了饭，甚至寸步难行。但是摩擦也带来了意外伤害，比如在地上滑倒，衣服被磨破，手掌被擦伤，摩擦就是元凶。

如果没有惯性，运动场上就会少了掷标枪、投铅球、跳高、跳远这些项目，也无法泼出盆里的水，子弹也不会离开枪膛。但是惯性也会带来灾难，看看每天新闻里的交通事故就知道了，十有八九，惯性脱不了干系。

如果没有电热，家里便会少了电暖气、电饭锅、电水壶、电烤箱、电褥子等能给生活带来温暖和便利的电器。但是电器和电路引起火灾，电热也要负直接责任。

但是，看到摩擦、惯性、电热……引发的危害，也不用过于担心。正如《西游记》中黄袍怪、狮子精自有神仙、菩萨降服一样，物理学家也为我们开出了对症下药的良方，能在应用物理时趋利避害。

在《西游记》的世界里，神仙、妖魔、凡人都要遵从自己所在地的规则，所谓仙有仙规、国有国法。在物理中也是一样，各种物理现象也有章可循。例如:光在传播时,要遵守反射定律、折射规律;在力的世界里,有鼎鼎大名的牛顿第一定律、阿基米德原理;在电的世界里,有欧姆定律、焦耳定律。最后,还有凌驾于它们之上的"至高法则"——能量守恒定律。如图 1-2 所示。

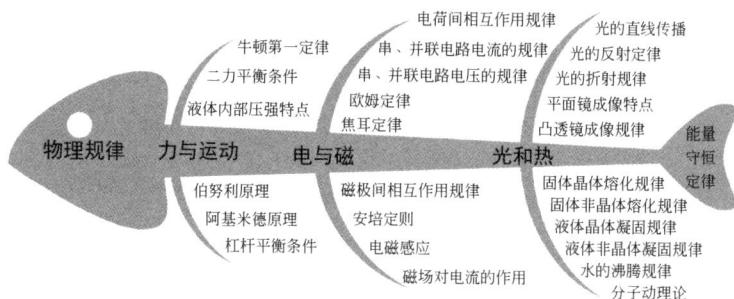

图　1-2

学习物理的过程大致也是一部《西游记》。八年级第一学期物理是与生活联系密切的声现象、热现象、光现象。这些知识大多简单且有趣,于是你可能觉得物理不过如此,这时候的你就像是遇到如来佛祖以前的孙悟空,闯龙宫、打地府、闹天庭,一时间雄姿英发、所向无敌。但是随后的质量与密度就让你有点"挠头"了,感觉它像是二郎神一样难缠。到了八年级第二学期,压强、浮力、功、功率、机械效率纷纷登场,你会渐渐有一种被压在五行山下的感觉。好不容易熬到九年级,告别了难缠的"力",像是孙悟空脱离了五行山,可是还没高兴多久,就又踏上了电学的征途,"九九八十一难"已早早地在前面等候,电流、电压、电阻、电功率则是要降服的一个个"妖魔鬼怪"。这真是山高水险、道阻且长,面对此情此景,嗟叹于事无补,只会荒废时光。这时你应该做的是让自己拥有像孙悟空一样的战力、唐三藏一样的意志、猪八戒一样的乐观、沙僧一样的踏实,然后行而不辍,才能苦尽甘来,未来可期。

02 | 物理这座"房子"

　　法国科学家庞加莱说："物理学是在一系列事实、公式和法则上建立起来的，就像房子是用砖砌成的一样。但是，如果把一系列事实、公式和法则就看成物理学，那就犹如把一堆砖看成房子一样。不，物理学比组成它的事实、公式和法则要深刻得多！"

　　我对这段话的理解是：组成物理这座"房子"的除了物理概念、公式以外，还有贯穿于物理概念的来源和物理规律发现过程中的科学方法与科学思维，以及与之相伴的科学精神与科学态度。

　　科学方法与科学思维往往隐藏在知识的表层之下。曾经有个学生很迷茫地问我："学物理有什么用？"我说："没用！"听到这个意外的答案，学生一下子有了兴趣。想必是她以往听到"物理有多么重要"之类的回答太多了。我顿了顿，接着说："你能不能背出欧姆定律、会不会画电路图，看上去对你的生活并没有什么影响。除非你将来想当一名物理老师，否则无论是交朋友、找工作，绝对不会有人让你先背一遍欧姆定律、牛顿第一定律，来测试你有没有资格做他的朋友或者是否胜任这份工作。从这个角度来看，学物理真的没有用。"看着学生点头认同的样子，我又慢慢地吐出了两个字："然而"。——"然而，学物理真的没用吗？在探寻物理知识的过程中，你会学到很多思维方法，比如：控制变量法可以教给你怎么正确地分析问题,转换法告诉你怎么把不好解释的事说得浅显易懂,理想实验告诉你怎么合理地使用推理,还有摩擦力、惯性、热机、电等知识,告诉你看待问题要一分为二。现在,还能说学物理没用吗?"

学物理当然有用!物理学不仅以其概念、原理和规律的知识揭示了自然界的基本运动形式,而且还在建立这种知识体系的过程中凝练和升华了科学的思想方法,如观察、假说、实验验证、控制变量、理想化方法等物理学科的基本科学研究方法,以及比较、分类、抽象、推理、等效、类比、概括、分析、综合、归纳、演绎、对称等基本的科学思维方法。这些思想方法潜移默化地影响着每个学过物理的人看待事物、分析问题的思维方式。

这是一个真实的故事。吴加澍老师是全国有名的物理教师,有一次,他应邀参加学生举办的毕业二十周年同学会,他在会上问学生还记不记得"印象最深"的一堂物理课。一个学生说:"有一节课您提出了一个问题:'你站在五楼的窗台上,敢往下跳吗?'一开始,同学们还真被蒙住了,后来仔细一想,又都忍不住乐了:往里跳不就得了吗?"这位学生觉得这个例子很有意思,所以经久不忘。吴老师接着问:"这个例子与什么物理知识有关吗?"学生一脸茫然,竟摇头说忘了,但紧接着又说了一句:"这个例子说明世界上的事情都是相对的。"其实这一节讲的是重力势能,虽然学生毕业多年以后早已把重力势能忘得一干二净,但这堂课却让学生感悟到了"事物都是相对的"这一辩证法的基本道理,这难道不是当年那堂物理课在这位学生身上所体现出来的价值吗?

除了科学方法与科学思维外,在物理学家探索物理奥秘的过程中还彰显着科学精神与科学态度。在伦敦一家科学档案馆里,陈列着一本奇特的日记。在日记的第一页上写着:"对!必须转磁为电。"在之后的 10 年间,每一天的日记里除了写有日期之外,只写着同样一个词:"No"。直到 1831 年 10 月 17 日的一页,它的主人才记下了另一个相反的词:"Yes"。这本日记的主人就是英国科学家法拉第,这本日记真实地记录了科学史上一个伟大发现的艰辛历程。

原来,自从 1820 年奥斯特发现"电生磁"现象后,许多科学家逆向思考:既然电能产生磁,那么磁能不能产生电呢? 为了找到答案,包括法拉第在内的众多物理学家进行了千百次的实验,但都以失败而告终。在别人气馁时,法拉第没有灰心,仍不懈地探究。终于有一天,在收拾实验器材时,他不经意地从线圈中拾起一根磁铁,并惊喜地发现与线圈相连的电流计上的指针竟然摆动了一下——磁产生了电。

有人说,法拉第是在偶然情况下发现"磁生电"的,没有什么了不起。但是请仔细想一想,如果法拉第没有实事求是的科学态度,没有不畏艰辛、锲而不舍追求真理的科学精神,幸运之神又怎么会降临到他的头上呢?

03 | "终极法官"

1919 年,爱丁顿如愿以偿地在发生日食时观测到了太阳引起的星光弯曲,证实了爱因斯坦广义相对论预言的现象。有人问爱因斯坦,如果没有看到预言的星光弯曲他会怎么想。爱因斯坦说:"那我会为亲爱的上帝感到遗憾,因为理论真是正确的。"

如果真的没有看到预期的现象,恐怕爱因斯坦不会这么乐观了。至少,广义相对论被认可的时间点会推迟,甚至这个鲜有人懂的理论会被"丢进垃圾箱"。因为物理学以观察和实验为基础,结论是否正确最终需要实验来验证。诺贝尔物理学奖获得者、华裔物理学家丁肇中说:"实验可以推翻理论,而理论永远无法推翻实验"。对于物理学家与物理学理论来说,实验无异于是一言九鼎的"终极法官"。那么,对于初中学生,物理实验又意味着什么呢?

2019 年 10 月 9 日,阳光明媚。因为要讲摩擦起电这节课,我赶紧把毛皮、丝绸、橡胶棒、玻璃棒从实验室中拿出来放在教学楼前的空地上晒。两个给学校做展板的年轻人看到了,问我这是什么东西? 我说是上物理课用的器材。看他们有点兴趣,就问他们初中物理还记得多少。他们说,都忘了。我还是不死心,又问有没有哪节课让他们印象深刻? 其中一个人说"实验",但是实验名称与内容又全都想不起来了。

丹麦物理学家奥斯特说:"我不喜欢那种没有实验的枯燥的讲课,因为归根结底,所有的科学进展都是从实验开始的。"何止奥斯特不喜欢没实验的物理课,学生更不喜欢。实验是初中物理最能吸引学生目光的了,就算是再不爱学习物理的学生,一看到物理老师拿着实验器材进了教室,瞬间就像"打了鸡血"一样兴奋,两眼闪着光。如果哪一节物理课上该做的实验没有做,学生们一定会大失所望的。

初中物理对实验尤为重视,《义务教育物理课程标准(2022版)》更是明确列出了学生必做的 21 个实验。这些实验包括测量类实验、探究类实验。测量类实验又可分为直接测量类实验和间接测量类实验。如图 3-1 所示。

在实验时,要全心投入,用心观察,千万不能把自己当成一个看客。可问题是,怎么才算用心观察呢? 至少要明确两点:观察的对象是什么? 发生了什么变化? 例如,在观察水沸腾的实验时,要观察两个方面:水的变化和温度计示数的变化,这是观察的对象;要比较水在沸腾前后产生的气泡、温度计的示数有什么不同? 撤去酒精灯后,水还能不能保持沸腾? 这是发生的变化。

除了用心观察外,还要了解实验器材的使用方法、组装顺序、注意事项等。此外,还要知道每个间接测量型实验的原理,熟知探究过程中经常用到的科学方法。

实验虽然如此重要,但绝大多数学校的实验室只有在分组实验时才能进入,实验器材也不是能随意借出使用的。那么,想动手做实验怎么办?

答案之一就是组建自己的家庭实验室。因为物理实验不仅能在学校使用现成的器材做,也能在家里利用身边的器材完成。家庭实验室的器材不需要多么专业,易拉罐、饮料瓶、磁铁、气球、铁钉

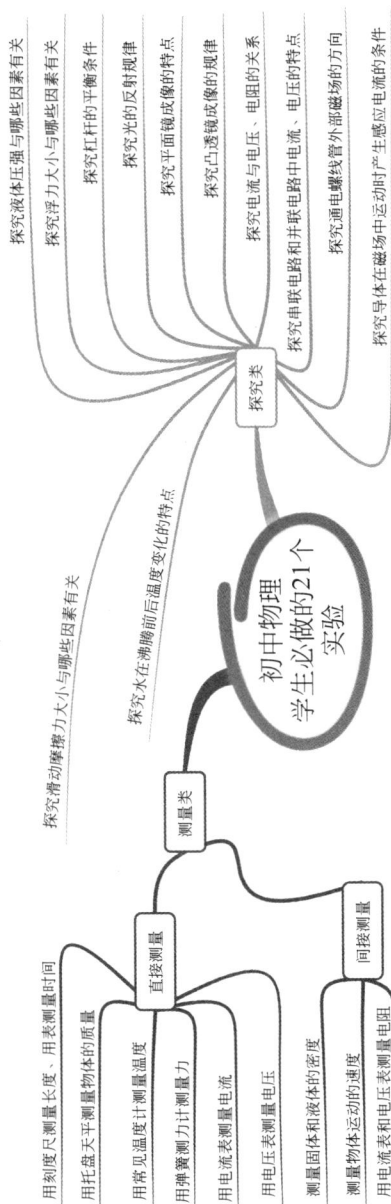

图 3-1

探究液体压强与哪些因素有关
探究浮力大小与哪些因素有关
探究杠杆的平衡条件
探究光的反射规律
探究平面镜成像的特点
探究凸透镜成像的规律
探究电流与电压、电阻的关系
探究串联电路和并联电路中电流、电压的特点
探究通电螺线管外部磁场的方向
探究导体在磁场中运动时产生感应电流的条件

探究类

探究滑动摩擦力大小与哪些因素有关
探究水在沸腾前后温度变化的特点

初中物理
学生必做的21个
实验

测量类

直接测量

间接测量

用刻度尺测量长度，用表测量时间
用托盘天平测量物体的质量
用常见温度计测量温度
用弹簧测力计测量力
用电流表测量电流
用电压表测量电压
测量固体和液体的密度
测量物体运动的速度
用电流表和电压表测量电阻

等都可以作为实验器材。

许多科学家在少年时都组建过自己的家庭实验室。法拉第出身贫寒，年少时在书店做书籍装订工作。有一次，他在装订《大英百科全书》时看到对"电"的介绍，立刻用旧瓶子和废弃木材做实验，验证书上描写的一些简单的观察数据，他还制作了一个能够产生电火花的手摇装置。费曼也有过类似的经历，他说："我十一二岁的时候，在家里搞了个实验室。它由一个旧木头包装箱构成，我在里头加了搁板。我有个加热器，我平时把肥油放里边做法国炸土豆。我还有个蓄电池和一个电灯排。"通过制作"电灯排"他知道了灯泡用串联、并联的不同方法连接起来能够得到不同的电压。费曼还利用他这个简陋的实验室搞出了很多好玩的实验、有趣的发明。例如，他用电池和电铃做了防盗铃。"房门一开，门就把电线推到电池上接通了电路，那铃就响了"。还有一个众人皆知的例子，那就是爱迪生。据说爱迪生从小就喜欢收集各种各样的器材，建立了自己的小小实验室，从而走上了"发明大王"之路。

但是，你可能会反驳说，"我又不想当科学家、发明家，会做题就行了，干嘛要做实验呢？"的确如此。不做实验也能成为"解题高手"，但你会错失很多。因为通过物理实验，特别是科学探究，我们收获的不仅是物理知识，还有影响我们一生的思维方式。

04 | "吃鱼" 里的科学探究

在大多数情况下,物理知识是物理课上大放光彩的主角,但是在知识的背后还有一个"幕后英雄",那就是科学探究。

科学探究听起来好像是科学家的专利,仿佛只在实验室中存在,但这并不是事实,科学探究也存在于日常生活中。浙江省特级教师梁旭一次"吃鱼"的经历就是一个很好的例子。

那天,梁老师和朋友到餐馆吃饭。这家餐馆烧的石斑鱼味道鲜美,梁老师点了这道菜。这次的鱼吃起来肉质发硬,味道大不如前,有人认为这道菜是用死鱼做的。于是,他们叫来老板。老板拍着胸脯说鱼没有问题,是他亲眼看着宰杀烹饪的。梁老师也没有争辩,说:"再给我们烧一条同样的鱼,还是用原来的厨师原来的做法,这次我们找一个人跟着。"等鱼做好后端上来,大家一尝,味道鲜美,与刚才吃的那条味道不一样。这下老板没话说了,赶紧说好话,说刚才那道菜不要钱了,还赠送了水果。没有面红耳赤的争吵,梁老师和他的朋友们云淡风轻地就解决了问题。究其原因,就是因为他们活学活用了物理中的科学探究。

什么是科学探究?科学探究是指基于观察和实验提出物理问题、形成猜想和假设、设计实验与制订方案、获取和处理信息、基于证据得出结论并作出解释,以及对科学探究过程和结果进行交流、评估、反思的能力,主要包括问题、证据、解释、交流等要素。简单地说,科学探究就是像科学家那样去研究问题。

在这次"吃鱼"事件中,梁老师等发现鱼的味道不鲜美,并且根据以往吃这种鱼的经验,认为这条鱼不是活鱼做的,这是发现、提出问题,并提出猜想。

当然,仅有猜想不行,还要想办法来验证猜想,寻找证据来支持观点。这时,梁老师设计了一个方案:取同一种活鱼,再用同一位厨师,用同样的做法做一道菜与桌上的鱼比较。

请注意,为什么要强调用一位厨师、同样的做法、同一种鱼呢?因为鱼烧好后味道的好坏不仅与鱼的新鲜程度有关,还与鱼的种类、厨师的手艺、烹饪方法有关。

像这样的研究对象(鱼的味道)受多个因素(鱼的新鲜程度、鱼的种类、厨师的手艺、烹饪方法)影响的问题,属于多变量问题,在物理实验中经常遇到。研究多变量问题时要使用控制变量法,也就是一次只改变一个因素,保持其他因素不变,观察研究对象是否发生变化。如果研究对象发生变化,说明与该因素有关;如果没有变化,则说明无关。

假定猜想研究对象可能受到两个因素的影响。我们不妨把研究对象用 Y 表示,影响因素分别用 X_1、X_2 表示,那么这个多变量问题就可以描述为"Y 可能与 X_1、X_2 有关"。

在探究多变量问题时,一定要明白以下 3 个问题。

(1)哪个是自变量?如何改变自变量?

(2)哪个是因变量?如何判断因变量是否发生改变?

(3)控制变量有哪些?如何保持控制变量不变?

在研究 Y 与 X_1 的关系时,需要保持 X_2 不变,改变 X_1,观察 Y 的变化情况。在这个探究活动中,X_1 是自变量,Y 是因变量,X_2

是控制变量。

同样,在研究 Y 与 X_2 的关系时,需要保持 X_1 不变,改变 X_2,观察 Y 的变化情况。这时,X_2 是自变量,Y 是因变量,X_1 是控制变量。

第二次做鱼时,用同一种鱼、同样的厨师、同样的做法,就是为了避免鱼的种类、厨师的手艺、烹饪方法对鱼味道的影响,这样才能根据鱼的味道来判断第一次用的鱼是不是活鱼。这里使用的就是控制变量法。

在进行实验并收集证据后,并不是"万事大吉",还需要让证据"开口说话",也就是要从证据中得出结论并解释。在上面的故事中,按照控制变量法做出的第二条鱼明显与第一条鱼的味道不一样,说明鱼的味道与鱼的死活有关,由此推理出第一条鱼是用死鱼做的。

在整个过程中,梁老师也和朋友们进行了适当的交流,如品尝后都认为第一条鱼不好吃,第二条鱼味道鲜美。实验还需要分工协作,负责做鱼的厨师相当于具体操作实验的人,梁老师和他的朋友吃鱼则是观察并记录实验现象。

如此看来,物理岂不是一种智慧?的确如此,学好物理能让人变得更聪明。

那么,怎样才能学好物理呢?

05 | 学好物理的 7 种"武器"

学好初中物理需要 7 种武器。

武器 1：永葆好奇心

物理学家生活的世界与我们生活的世界并无不同，一样有春夏秋冬、风花雪月，但是与我们不同的是，物理学家大多有着无尽的好奇心。

美籍日裔物理学家加来道雄说，引领他走上科学之旅的是他 8 岁时听到的一个故事：有一个被誉为人类历史上最伟大的物理学家，在他死后办公桌上还放着没有完成的论文。作为一个孩子，加来道雄特别想知道这个物理学家没有完成的论文写的是什么，又是什么问题如此重要值得这位伟大的物理学家用尽一生追寻答案却又没有结果。出于好奇，加来道雄决心学习这个物理学家研究的一切理论，包括完成的和没有完成的。于是，他花了好多时间阅读关于这个物理学家和他的理论的每一本书。后来，他知道这位伟大的物理学家没有完成的论文是统一场论，这个理论试图解释所有的自然规律，从微小的原子到浩瀚的星系。现在你一定猜到了，这位伟大的物理学家就是爱因斯坦。爱因斯坦也是一个充满好奇心的人。16 岁时，他想象自己如果与一束光并肩而行会发生什么情况。

难道,好奇心是科学家的标配,是他们专属的"稀缺品"?当然不是!好奇心人皆有之,且与生俱来。每一个小孩子的脑袋里都充满了问号,总是会向爸爸妈妈提出一大堆问题。遗憾的是,很多爸爸妈妈不胜其烦,以"问那么多干嘛""你长大了就知道了"等话来搪塞。久而久之,孩子们的好奇心也就渐渐地泯灭了。

而要想学好物理,需要重拾好奇心,尝试在寻常的现象中发现问题。要知道,现象是物理学的根源,绝大部分物理学是从现象中来的。

在生活中,你是不是一个充满好奇心爱提问题的孩子呢?

看到了美丽的彩虹,除了赞叹它的瑰丽多姿,你有没有想过彩虹是怎么形成的?

知道了声音在空气中比水中传播得慢,光却在空气中比水中传播得快,你有没有想过为什么会这样?

看到了教室暖气片总是安装在地面附近,你有没有想过为什么不把暖气片安在靠近房顶的墙上?

听新闻中说电动车充电、手机充电时发生了爆炸,你有没有想过发生爆炸的原因?

如果在你的脑海中也有很多这样的问号,说明你已经拥有了一颗好奇心。

虽然这些问题你可能现在还无法解决,但它们却可能变成一颗颗"种子",埋在你的心里,在适当的时候"生根发芽",甚至长成"参天大树",就像爱因斯坦年少时的追光疑问孕育出了相对论的硕果。

所以,希望以后你看到或听到一个现象时,都要在脑海中追问一声:为什么?

武器 2:搞清逻辑

有很多初学物理的学生问我:"物理需要背吗?"当然需要了!

这是毋庸置疑的。因为只有不重要的东西才不需要背，需要背的基本都是你认为重要的东西。你肯定能不假思索地说出像父母一样最亲的人的手机号码，但不会也没有必要把手机存储的号码都背过，因为大多数人对你没有那么重要，也不会经常联系。物理知识也是如此，对于那些重要的概念、定律以及一些实验结论，是一定要记忆的，并且要做到滚瓜烂熟。

以"光的反射定律"为例。光的反射定律一共包括三句话："反射光线、入射光线和法线在同一平面内；反射光线与入射光线分居在法线两侧；反射角等于入射角。"虽然让学生记住这三句话不是件难事，翻来覆去地读上几遍就行了。但是，如果你问他背的是什么意思，他只会一字不改地再背上一遍。因为他在背的时候脑子里一片空白，嘴里每说出一个字或词，就冥思苦想后面跟着的是哪个字或词。

这就是死记硬背，像囫囵吞枣一样。枣虽然进了肚子，但并没有被很好地消化。这样背过的知识像写在沙滩上的字，即便看来划得很深，但只要一个海浪涌过，就了无痕迹了。

死记硬背是下策！那么，上策是什么？答案是：情境再现＋文本剖析。

在背诵光的反射定律时，脑海中应该泛起如图 5-1 所示的图像。这样，说出定律的内容就像看图说话一样简单了。

但是，要想真正理解光的反射定律，还要在图示的基础上剖析文本。光的反射定律这三句话，其实讲的是在入射光线和镜面位置确定时，如何精准地找到反射光线的位置。第一句"反射光线、入射光线和法线在同一平面内"，告诉你反射光线在入射光线和法线所在平面上，这是把反射光线的位置由空间精确到平面。第二

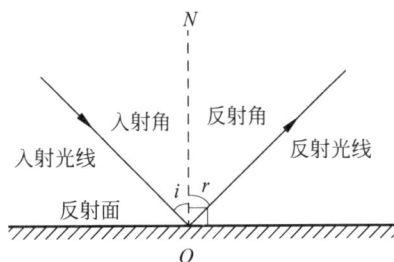

图 5-1

句"反射光线与入射光线分居在法线两侧",这使反射光线的位置被进一步清晰,范围整整缩小了一半。但就算是这样,反射光线的具体位置还是无法确定,因为法线另一侧过入射点的射线有无数条,但是有了第三句"反射角等于入射角",反射光线的位置也就成了唯一。

你看,这三句的顺序像不像写作文时描写人物的过程:先整体后局部。

当然,要想真正记住这一定律的内容,还需要弄懂入射光线、反射光线、法线、入射角、反射角以及入射点的含义。

另外,还要注意在描述这一定律时,总是"反射"在前,"入射"在后。难道这里面还有什么玄机? 当然,因为这里有个因果关系:没有入射光线就没有反射光线,反射角的大小是由入射角的大小所决定的。因此,如果把"反射角等于入射角"说成"入射角等于反射角",无异于把"儿子长得像爸爸"说成"爸爸长得像儿子"。这样说不成笑话了嘛!

武器 3:言之有理

作为法官,不能不熟悉法律条文。在判决书上,更要写出该判决依据的是什么法第几条。哪怕是判决错误,也是引用法律错误,对法律条文理解不透彻而导致的。没有一个法官会说,他是根据生活经验或自己的喜好做出判决的。

同样,在分析物理问题时,要言之有理。这里的"理"是指物理概念、定律,而不是生活中想当然的"理"。物理概念、定律就是分析、解答物理问题需要依据的"法律条文"。

例如,有这样的一个问题:"人走近平面镜时,镜中的像会变大、变小还是不变?"如果只从生活经验出发,以为眼见一定为实,答案一定是"像变大"。你问他为什么认为像变大,他会说"我看到像变大了"。这样的思维过程没有涉及一丁点儿物理知识,又怎么会得到正确的答案呢?

正确的分析过程是这样的:先搞清这是与平面镜成像有关的问题,题中问的是像的大小变化情况;回忆平面镜成像特点有一条为"物体通过平面镜所成的像与物体大小相等";当人走近镜面的过程中,虽然人与镜面的距离发生改变,但是人的大小并没有改变,所以像的大小也不变;由此可得出正确答案——不变。

其实像这样与物理相违背的"生活常识"还有很多。例如下面这些问题。

(1) 拔河比赛时,胜的一方比败的一方力气大吗?

(2) 鸡蛋碰在石头上,鸡蛋碎了,石头完好无损。石头对鸡蛋的力大于鸡蛋对石头的力吗?

(3) 在阳光下和阴凉处各有一盆冰水混合物。阳光下的冰少水多,阴凉处的冰多水少,这时阳光下水盆里水的温度比阴凉处水盆里水的温度高吗?

(4) 0℃的冰比0℃的水降温效果更好,是因为冰比水的温度更低吗?

(5) 当你看物体时,视网膜上承接到的物体的像是正立的吗?

（6）两个灯泡串联在一起，通过发光亮的灯泡的电流比通过发光暗的灯泡的电流大吗？

如果在学过物理之后，你给的答案还都是"是"，说明"常识"在你心里是多么得根深蒂固。爱因斯坦说过："常识就是人在十八岁之前累积的偏见。"包括物理在内，随着学习的深入，你将发现仅凭生活经验获得的那些常识有多么狭隘。如果不超越这些常识，你将永远是"井底之蛙"。能将你带出井底的唯一方法，是不断地用知识来替代所谓的常识，而不是让常识牢牢占据你的头脑。

自以为是地认为知识应该符合常识的想法实在是大错特错的。换个角度想也很容易理解，如果物理问题不需要物理知识，仅凭常识就能解答，这个物理问题还有什么存在的价值？毕竟出题人也不是"吃素的"。

武器 4：举例说明

在引入"密度"一节时，我拿出一长一短两根粉笔，问学生："这两根粉笔有什么不同？"学生答："长短""体积""轻重""多少""大小""质量"。

这些答案都可以接受，长短、轻重、多少、大小是生活中的描述，"长短"对应的是物理量是长度，"轻重"和"多少"对应的是质量，"大小"对应的是体积。

这时又有一个与众不同的声音响了起来："密度"这个答案让我的思维瞬间暂停，要知道这节课将要学习的是"密度"。在这一刻，密度还没有"出生"呢！我问他什么是密度，他说不知道。他仅仅是看到书上有"密度"这个名词，就顺口说了出来。

这说明什么？仅仅知道一个名词是没有意义的！因为知道和理解是有很大区别的，就像你知道了一个新来的同学叫什么名字并不代表你对他的性格、爱好都了如指掌。

这就警示我们,学物理时千万不要空谈或者仅凭自己的想象就随意地使用专业名词。如果你习惯了这样做,就会慢慢成为一个"名词党",除了炫耀你很"专业"以外,其实一无是处。要正确地了解一个物理概念,就要了解它的来龙去脉,最好是能用举例说明。下面这个故事或许对你有所启发。

美国物理学家费曼小时候玩过一种拉着跑的叫作"货运快车"的玩具,他在车斗里放了一个球,发现拉车往前走时球往后滚,突然停下来时球又往前滚。他就去问爸爸,爸爸说:"一般来说,运动着的东西会继续运动下去;静止的东西也会保持不动,这叫作惯性。"在这里,爸爸没有直接告诉费曼"惯性"这个名词。随后,爸爸接着说:"如果你仔细观察,就会发现球并没有向后滚,小球是静止不动的。"于是费曼又把球放在车上,发现突然向前拉车时,小球并没有往后跑,它只是相对车头往后移动。他从侧面观察,看到小球还是稍稍往前移动了一点儿,但是车斗移动的速度超过了小球,看上去好像是小球往后滚了。对此,费曼说:"这是我爸爸教育我的方式,活生生的例子,接着是探讨问题,这个过程毫无压力,都是些轻松有趣的讨论。"

这个故事告诉我们,是否掌握了某个知识,不在于是否知道某个名词,也不在于能否熟练地背诵出它的定义,而在于能否得心应手地用它解释生活中的现象,也就是能够领悟这个名词指的到底是什么。

武器 5:画个草图

回想一下,你以往是如何分析问题的。是不是两眼盯着题,脑中思绪乱飞,却从没有拿起笔在草稿纸上写写画画。如果老师提醒你先画图,你还可能不屑一顾地说:"用脑子想就行了!"

分析问题时画图真的是多余的吗?当然不是。

画图是分析问题行之有效的一种方法,物理也不例外,特别是面对那些情景比较复杂的物理问题,最好的办法就是画出题中叙述的各个状态对应的示意图,把题中情景清晰直观地再现出来,这样一来,解题线索就会变得清晰可见。比如下面这道题。

有一空玻璃瓶,质量为 0.1 kg;将瓶内装满水,瓶和水的总质量为 0.4 kg。用此瓶装金属颗粒若干,瓶和金属颗粒的总质量为 0.8 kg;若在装金属颗粒的瓶中再装满水,瓶、金属颗粒和水的总质量为 0.9 kg。求金属颗粒的密度。

是不是还没读完就已经晕头转向了? 这道题描述了四个情景,如果只是在头脑中复盘操作过程,很容易顾此失彼,这么多数据也记不住。但是把题中文字描述依次用如图 5-2 所示的四幅图表示就一目了然了。

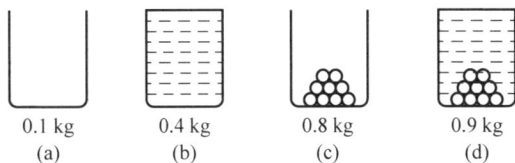

| 0.1 kg | 0.4 kg | 0.8 kg | 0.9 kg |
| (a) | (b) | (c) | (d) |

图 5-2

计算金属颗粒的密度需要知道它的质量和体积。金属颗粒的质量可以由图 5-2(a)、(c) 两个图求出,即 0.8 kg－0.1 kg＝0.7 kg＝700 g。金属颗粒的体积不能直接求出,但等于它在图 5-2(d) 中排开水的体积,这一体积可由它排开水的质量结合水的密度求出,水的密度虽然没有给出,但默认已知,为 1.0 g/cm³。金属颗粒排开水的质量等于图 5-2(b)、(a) 两图显示的质量之差与图 5-2(d)、(c) 两图显示的质量之差的差,即(0.4 kg－0.1 kg)－(0.9 kg－0.8 kg)＝0.2 kg＝200 g。再结合水的密度求出金属颗粒排开水的体积为 200 cm^3，则金属颗粒的体积为 200 cm^3。最后，结合已求出的金属颗粒的质量，可知金属颗粒的密度为 3.5 g/cm^3。

从这个例子可以看出，画图的确是分析物理问题的神兵利器。用一个时髦的名词，叫作"思维可视化"，每一幅图就是一个"藏宝图"，在寻找解题线索时再也不用翻来覆去地看文字描述了，只需在画出的图中搜索即可。

在物理学习中，这种"可视化"几乎无处不在。例如，用光路图表示光传播的路径，用受力分析图表示物体的受力情况，用等效电路图简化复杂电路连接。除此以外，在学完每节、每章、每个版块的知识后，还可以用思维导图表示这些概念、规律间的层级结构以及各个知识点间的联系。"01 物理'西游记'"一节中的鱼骨图、"03 终极法官"一节中的"初中物理学生必做的 21 个实验"都属于此类。

所以，要想学好物理，就赶紧拿起笔准备画图吧！

武器 6：发现身边的物理

学习物理最好的方法是从关注身边的现象开始。

有一次，我看到一瓶矿泉水上的包装纸上写着"好水不硬才养人 每 500 mL＜499.8 g"

mL 是毫升的符号，1 mL＝1 cm^3，是体积的单位；g 是克的符号，是质量的单位。

看到这里你也许感觉到不对劲了。因为只有相同的量才能比较，两个体积可以比大小，两个质量也可以比大小。体积和质量是两个不同的物理量，一个体积和一个质量怎么能比大小呢？就像身高 1.7 m 和体重（即物理中的质量）60 kg 不能比大小一样。所以，"500 mL＜499.8 g"这个不等式让人着实摸不着头脑。

但是，公司的专家团队真的这么无知吗？应该不会。那么，有没有可能是我们没有理解这个不等式想要表达的真实含义？有可能，如果这个不等式想说"每 500 mL 水的质量小于 499.8 g"那就能说得通了。明白了这一点，我们还可以根据密度公式计算出这个品牌矿泉水的密度小于 0.999 6 g/cm^3。

水的密度小有什么值得夸耀的呢？原来，水的密度越小，说明水中含有的杂质越少，水质越好。想当年，清朝皇宫里的生活用水都取自北京玉泉山，就是因为用同样的一个小斗来称量，玉泉山的水重一两，而济南趵突泉水重一两二厘，镇江金山中冷泉水重一两三厘，无锡惠山惠泉水重一两四厘。

你看，留心观察生活，一个小小的商标上也有这么多物理知识。如果追根究底，还可能发现一些更有趣的"冷知识"。在吃货的眼里，看到什么都是美食，当你眼之所见，都能不由自主地联系到物理，又怎么会担心学不好物理呢？

武器 7：回头看

这里所说的"回头看"，有三层含义。

（1）学完每节后，要想一想本节收获到了什么。还有什么疑惑。

最好的办法是以本节题目或其中一个重要知识点为题，看看能联想到什么，就像在百度搜索中输入一个关键词，然后按下"Enter"键后看看能搜到多少条信息。当你大脑中浮现出的与这个知识点相关的信息越多，说明你对所学内容了解越多；反之，如果大脑一片空白，像电脑屏幕上出现"该网页无法显示"，说明你学完这一节后一无所获。

就算你脑海中搜到了信息，也才仅仅是开始。你还要尝试去梳理这些零乱的信息，使它们变得有条理。例如，它的定义是什么？用什么字母表示？在国际单位制中，它的主单位是什么？用什么符号表示？常用的单位还有哪些？换算关系是什么？它的影响因素是什么？能不能使用公式进行计算？能不能测量？如果能，如何测量？测量工具如何使用和读数？测量过程包括几个步骤？测量时要注意什么问题？等等。简单地说，就是以它为中心编织一个知识网，这个网越大越密，你对它了解得就越透彻。

（2）解题后不要急着做下一道题，要想一想这道题还没有其他的解法？把它改编一下能不能变成一道新题？它和以前做过的哪些题有相似之处？这就是解题的三重境界：一题多解、一题多变和多题归一。

下面举一个例子。

某些工程要经常应用爆破技术，在一次爆破中，用一条 96 cm 长的引火线，使装在钻孔里的炸药点火，引火线燃烧的速度是 0.8 cm/s，点火者点引火线以后，以 5 m/s 的速度跑离爆炸地点，他能否在爆炸前跑到离爆炸点 500 m 远的安全地区？

规范地解答这道题需要写出速度公式，考虑到刚读到这里的你可能还没有学过相应的物理知识，就不说解题过程了，主要分析解题的思路，用小学的路程、速度、时间的关系就足够了。

题中情景不难理解，这是一道判断题，但是结论需要计算出的数据作为证据。

这道题最容易想到的方法是比较人跑 500 m 所用的时间和引火线燃烧完所用的时间，如果前者用时长，人就到不了安全区；如果后者不小于前者，人就能达到安全区。显然，这是比较时间。

比较时间可以，比较路程和速度可以吗？不妨试试看。先看比路程。可以计算出引火线恰好燃烧完时人跑出的路程。如果该路程不小于 500 m，人就是安全的；如果小于，就是不安全的。顺着这个思路，还可以计算出人跑 500 m 时引火线燃烧的长度，再与引火线的实际长度进行比较。如果前者不大于后者时,人就是安全的;如果大于,就不安全了。

再看比速度。可以假定人跑完 500 m 时引火线恰好燃烧完,由此计算出引火线的燃烧速度,再与它的实际速度进行比较。如果前者不小于后者,人就是安全的;如果小于,人就不安全了。也可以假定引火线刚燃烧完时,人恰好跑了 500 m,由此计算人跑的速度,再与人的实际速度进行比较。如果前者不大于后者,人就是安全的;如果大于,就不安全了。

这样一算,这道题就有 5 种解法了。

这就是一题多解。通过一题多解可以检查自己对知识应用的熟练程度,还可以从中找到最适合题目的解法,即"有中选优"。

所谓一题多变,就是将这道题的已知条件或所求问题进行改变,或者改变难度、题型,或者换上一个新情景等。

比如,这道题还可以追问:

(1)若人能够跑到安全区,则在到达安全区时,引火线还有多长没有燃烧?

(2)若人能够安全到达安全区,则在到达区后多长时间能听到爆炸声?

当然,要解决第(2)个问题还需要增加一个新条件:声音在空气中的传播速度。

这道题还可以换一个新情景,顺便再增加一些难度,就像给一个人换一件衣服,再化化妆。例如:野兔在草地上以 18 m/s 的速度向前方 50 m 处的树洞奔逃,秃鹰在野兔后方 110 m 处以 45 m/s 的速度贴着地面飞行追击野兔。野兔能否安全逃回树洞?

如果原题可以看作人和燃烧的引火线在赛跑,这道题就是野兔和秃鹰在赛跑,并且是"生死时速"。这两种情景又有什么不同呢？除此以外，我们还可以换成警察追小偷的情景，等等。

最后，说说多题归一。

这道题的本质是通过计算得出数据，然后比较数据做出判断。对我们来说，解题收获的不仅仅是分数，还有证据意识、实事求是的精神。这样的问题在生活、学习中还有很多。例如，教室里的饮水机，在放学后不需要热水了，饮水机还会间歇性地加热、保温，白白消耗电能；如果关闭，第二天早起，水又变凉了，还得重新加热至高温，水升高的温度多，会消耗更多的电能。那么，到底哪种方法更省电呢？不能仅靠猜测，还需要根据相关数据计算出两种方法消耗的电能，再比较计算结果才能下结论。

一题多解、一题多变是思维发散的过程，而多题归一则是思维聚合的过程。通过思维发散拓展了视野，由点到面；通过思维聚合，又整理归类，洞悉本质。

（3）尝试将新知识与旧知识建立联系。

学物理的过程像是在看一部推理小说，前文的事件中总有一些谜团等读到了后面的篇章才能找到答案，很多物理知识初学时也会让人不明就里，但当学习了后面某个知识后突然就会恍然大悟。

例如，"武器 3"中提到的"人走近平面镜时，镜中的像会变大、变小还是不变"的问题，就算已经凭借着物理知识得出了"不变"的正确答案，但这并不代表疑惑也随之消失了。因为我们逐渐靠近镜面时，的确看到自己在镜中的像变大了。这又是为什么呢？这个疑问，学习了"视角"知识后才能被抹去。如图 5-3 所示，人在观察同一物体时，视角越大，会认为该物体越高。人离镜面越近，人在镜的像离镜面就越近，这样人和像的距离也随之变小。由于像的高度不变，所以这时人观察自己在镜中的像时，视角会变大，从而感觉像也"变大"了。

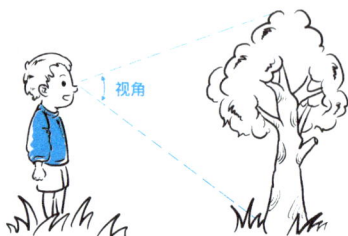

图 5-3

再如,物质常见的状态有固、液、气三种,并且这三种状态可以相互转化,即发生物态变化。然而,是什么决定物质以哪种状态存在? 为什么冰在熔化和凝固时温度不变? 这些现象发生的原因,在学习"物态变化"时并未涉及。当你学习了九年级的"分子动理论"和"内能"的知识,才能洞悉其中的秘密。

表面上看,很多物理知识是零散的,声、光、热、力、电等毫不相干,像是"东一榔头西一棒槌",但是换个角度来看它们是有共同点的。学习"密度"时联系前面学过的"速度",就会发现虽然两者看上去没有联系,但其实它们的定义方法都是比值定义法,测量都属于间接测量。并且,在状态一定时,物质的密度与它的质量、体积无关,就像匀速直线运动的速度与路程、时间无关。这样一来,新旧知识间就建立了联系,旧知识的学习过程就成了学习新知识的"模板"。因为有了"模板",新知识学习起来也就容易多了。

06 | 指尖上的单位换算

物理是一门以观察和实验为基础的科学,在实验过程中往往需要记录相关数据,数据的准确度影响着实验结论是否正确。而要想得到准确的实验数据,离不开精确的测量。

所谓测量,就是将待测的物理量与一个标准量进行比较。标准量就是单位,要用工具比较。因此,要进行测量,需要先做好两个准备:一是测量单位,二是测量工具。

测量单位不仅要有,还要得到公认。因为没有统一的单位,测量结果就会莫衷一是。想想"小马过河"的故事就知道了。

同样一条河,老牛说水很浅,才没小腿,能蹚过去;松鼠说,水很深,昨天才淹死一个同伴;当小马进入河中才发现河水既没有老牛说的那么浅,也没有松鼠说的那么深。为什么老牛、松鼠一个认为河水浅而另一个却认为河水深呢?原因就在于"测量"河水深度时它们都是以自身为"标准",没有统一标准。因为没有统一标准,所以老牛与松鼠自说自话,搞得小马不知所措。

为了便于世界各国的交流,1960 年的国际计量大会协商制定了一套国际统一的单位,叫作国际单位制,简称 SI。SI 的基本单位包括长度、质量、时间、温度、电流等物理量的基本单位。

在国际单位制中,长度的基本单位是"米",用符号 m 表示。门框的高度大约是 2m。人的身高用 m 作单位比较合适,但是脚的长度、手指甲的宽度用 m 作单位就显得偏大了,而北京到上海两地间的距离用 m 作单位又显得太小了。所以,又出现了常见的千米、分米、厘米、毫米、微米、纳米等单位,分别用 km、dm、cm、mm、μm、nm 表示。

m 前面的 k、d、c、m、μ、n 是词头符号,它们用于构成倍数单位(十进倍数单位与分数单位)。这种十进制使得同一物理量的单位间换算变得非常容易,只需要"$\times 10^n$"就可以了,指数 n 是整数。若 $n > 0$,10^n 表示在 1 的后面有 n 个 0;若 $n < 0$,10^n 表示在 1 的前面有 n 个 0(最左端的 0 在个位上)。大单位换算为小单位时,10^n 中的指数 n 是正整数;反之,小单位换算为大单位时,10^n 中的指数 n 是负整数。长度间换算如表 6-1 所示。

表 6-1

长度其他常用单位换算为米	米换算为长度其他常用单位
1 km=1 000 m=10^3 m	1 m=0.001 km=10^{-3} km
1 dm=0.1 m=10^{-1} m	1 m=10 dm
1 cm=0.01 m=10^{-2} m	1 m=100 cm=10^2 cm
1 mm=0.001 m=10^{-3} m	1 m=1 000 mm=10^3 mm
1 μm=0.000 001 m=10^{-6} m	1 m=1 000 000 μm=10^6 μm
1 nm=0.000 000 001 m=10^{-9} m	1 m=1 000 000 000 nm=10^9 nm

如果你觉得这样计算单位换算没意思,下面就教你一个有趣的方法。

伸开左手,把 km、m、mm、μm、nm 按顺序写在大拇指、食指、中指、无名指和小指的指尖,相邻两个手指指尖表示单位的进率是 10^3;再在食指两个指腹分别标上 dm、cm,则食指上所标的相邻单位的进率是 10,cm 与 mm 的进率也是 10,如图 6-1 所示。

这种有趣的方法也适用于其他物理量的单位换算。

例如，在国际单位制中，质量的基本单位是千克，符号用 kg 表示。除了千克以外，质量常用单位还有吨、克、毫克、微克，分别用 t、g、mg、μg 表示。吨还有一个不为人熟知的名字，叫作兆克，$1\ t = 10^3\ kg = 10^6\ g$。把 t、kg、g、mg、μg 写在指尖上，如图 6-2 所示。

再比如，在国际单位制中，电压的单位是伏特，简称伏，符号是 V。它的常用单位还有千伏、毫伏、微伏，分别用 kV、mV、μV 表示。把这些单位写在指尖上，如图 6-3 所示。

图　6-1

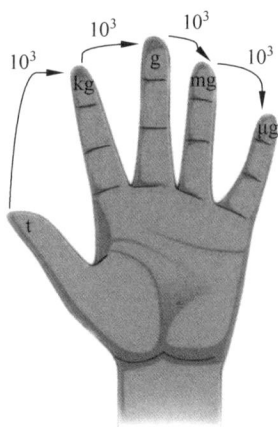

图　6-2

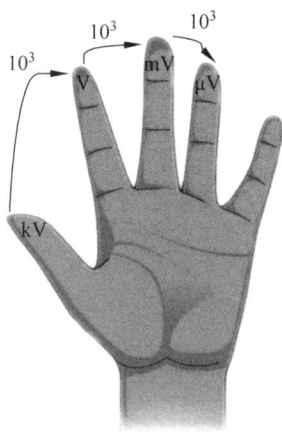

图　6-3

搞清楚了单位换算关系，就可以进行实战了。具体单位换算过程，包括两步：换单位，变数字。

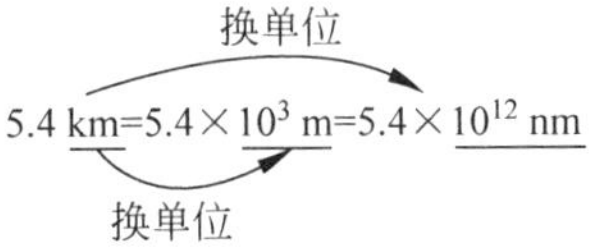

$$5.4\text{ km}=5.4\times10^{3}\text{ m}=5.4\times10^{12}\text{ nm}$$

换单位

换单位

图 6-4

先看一个大单位换算为小单位的简单例子。例如,把 5.4 km 的单位转换为 m 和 nm,只需要"换单位"一步即可到位。如图 6-4 所示。

如果原单位前的数字等于或大于 10,就需要用到第二步"变数字"了,"变数字"就是把数字用科学计数法表示。所谓科学计数法,就是把一个数用"$a\times10^{n}$"的形式表示,其中 $1\leqslant|a|<10$。如 12 000、0.000 12 用科学计数法分别表示为 1.2×10^{4}、1.2×10^{-4}。例如,把 50.1 km 的单位换算成 m。如图 6-5 所示。

再举一个小单位换算为大单位的例子,将 200 nm 的单位换算成 m。如图 6-6 所示。

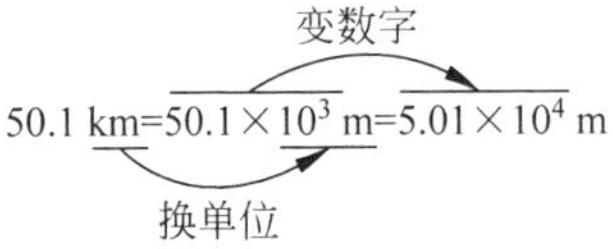

变数字

$$50.1\text{ km}=50.1\times10^{3}\text{ m}=5.01\times10^{4}\text{ m}$$

换单位

图 6-5

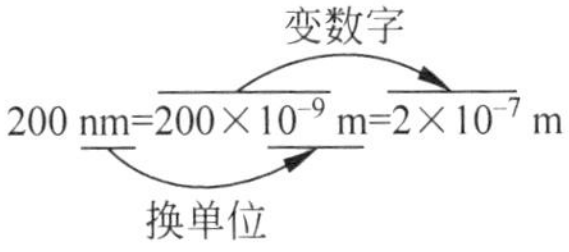

变数字

$$200\text{ nm}=200\times10^{-9}\text{ m}=2\times10^{-7}\text{ m}$$

换单位

图 6-6

单位换算蕴含着等效替代的思想,等效替代相当于生活中的等价交换。例如。你用 1 角钱换别人 1 元钱肯定行不通,因为 1 角钱与 1 元钱不等价。但是你用 10 角钱就可以换 1 元钱,因为 10 角钱与 1 元钱是等价的,所以等效替代与等价交换一样体现了公平原则。

最后,再补充一个小知识。单位前缀除了以上介绍的 k、d、c、m、μ、n 以外,还有很多,如表 6-2 所示。

表 6-2

英文	符号	中文	因　　数	幂次
Yotta	Y	尧	1 000 000 000 000 000 000 000 000	10^{24}
Zetta	Z	泽	1 000 000 000 000 000 000 000	10^{21}
Exa	E	艾	1 000 000 000 000 000 000	10^{18}
Peta	P	拍	1 000 000 000 000 000	10^{15}
Tera	T	太	1 000 000 000 000	10^{12}
Giga	G	吉	1 000 000 000	10^{9}
Mega	M	兆	1 000 000	10^{6}
kilo	k	千	1 000	10^{3}
hecta	h	百	100	10^{2}
deca	da	十	10	10
deci	d	分	0.1	10^{-1}
centi	c	厘	0.01	10^{-2}
milli	m	毫	0.001	10^{-3}
micro	μ	微	0.000 001	10^{-6}
nano	n	纳	0.000 000 001	10^{-9}
pico	p	皮	0.000 000 000 001	10^{-12}
femto	f	飞	0.000 000 000 000 001	10^{-15}
atto	a	阿	0.000 000 000 000 000 001	10^{-18}
zepto	z	仄	0.000 000 000 000 000 000 001	10^{-21}
yocto	y	幺	0.000 000 000 000 000 000 000 001	10^{-24}

07 | 人类从来不看说明书

　　初中物理中常用的测量工具有刻度尺、停表、天平、量筒、温度计、测力计、电流表、电压表,分别测量长度、时间、质量、体积、温度、力、电流、电压,如图 7-1 所示。

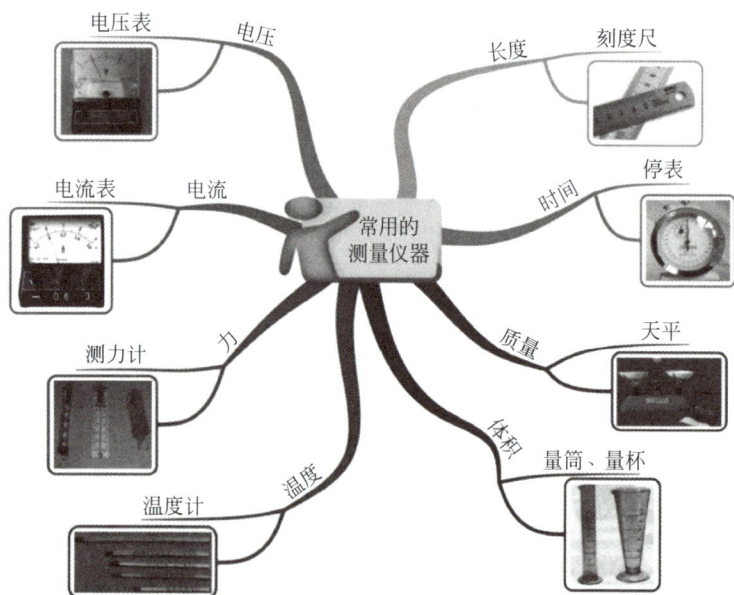

图　7-1

　　试想,如果有一个新的测量工具摆在你的面前,你首先要做的是什么？答案是：阅读说明书。

从说明书中能够知道测量工具的用途、原理、结构、性能、使用方法、保养方法、注意事项等方面的内容，如图 7-2 所示，是弹簧测力计使用说明书。

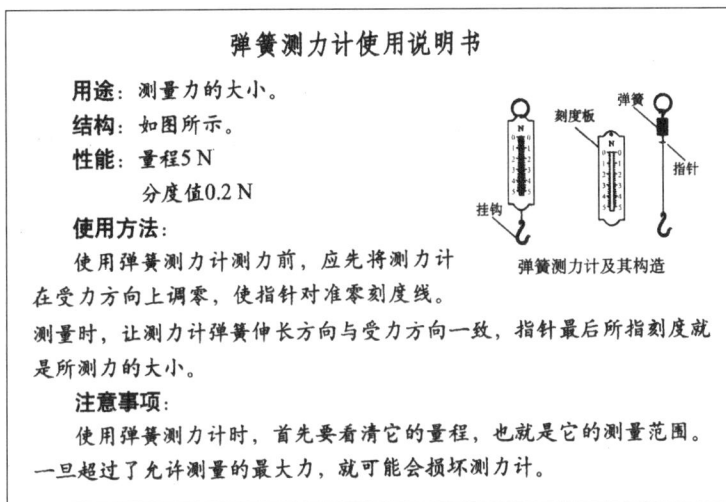

弹簧测力计使用说明书

用途：测量力的大小。

结构：如图所示。

性能：量程5 N
分度值0.2 N

使用方法：
使用弹簧测力计测力前，应先将测力计在受力方向上调零，使指针对准零刻度线。
测量时，让测力计弹簧伸长方向与受力方向一致，指针最后所指刻度就是所测力的大小。

注意事项：
使用弹簧测力计时，首先要看清它的量程，也就是它的测量范围。一旦超过了允许测量的最大力，就可能会损坏测力计。

图　7-2

阅读说明书时，有两项要特别留意：使用方法和注意事项。因为进行实验时，要有安全意识，这里所说的安全有两层意思：一是人身安全，二是仪器安全。熟知仪器的正确使用方法和注意事项是保证仪器安全的前提。如果这两项没有看懂，轻则不能得到正确的测量结果，重则会损坏测量工具。

不止测量工具，蓝牙耳机、手机、电饭锅、微波炉等家用电器也都配有说明书，就算打游戏，开局也会弹出游戏说明，先看说明书是一个好习惯。可是很多人不是这样，而是拿过来就用，靠实践来积累经验，这样会走很多弯路。怪不得螺丝钉嘲笑说："人类从来不看说明书！"（螺丝钉是动画片《螺丝钉》里的一个人物）

但是,如果说明书丢失,或者没有说明书呢?那就先仔细端详测量工具。虽然测量工具不会说话,但是在它的面板上仍显示着许多信息。如图 7-3 所示,是一把测量长度的工具——刻度尺。

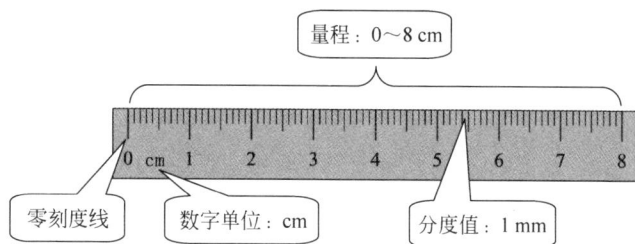

图　7-3

(1) 从尺面找到数字的单位。

在图 7-3 所示刻度尺的尺面上标有"cm",表示刻度尺上数字的单位是 cm,则尺面上的数字"1、2、3、4、5、6、7、8"分别表示"1 cm、2 cm、3 cm、4 cm、5 cm、6 cm、7 cm、8 cm"。

(2) 观察测量工具的零刻度线在哪里。量程是多少。分度值是多少。

图 7-3 所示刻度尺的零刻度线在左端,这可能是一把塑料尺或木尺,零刻度线之所以没有在最左端,是防止把零刻度线磨损。如果是钢尺,因为不易磨损,所以零刻度线一般在最左端。使用刻度尺测量长度时,一般要将零刻度线与被测长度一端对齐。如果零刻度线磨损,选用一个刻度线作为临时零刻度线,刻度尺仍能使用。

量程就是测量范围。如图 7-3 所示的刻度尺的量程是 0～8 cm,说明使用这把刻度尺可以一次可以测量不大于 8 cm 的长度。

分度值是测量工具的最小刻度值,也就是相邻两个刻度线之间的长度表示的物理量的大小。分度值决定了测量的精度,分度值越小,测量结果的精度越大。如图 7-3 所示的刻度尺的分度值是 1 mm,说明测量结果能精确到毫米。

对天平、弹簧测力计、温度计、电流表、电压表这些测量工具来说,零刻度、量程和分度值还决定着能否得到正确的测量结果,也关乎测量工具的性能完好。如电压表,如图 7-4 所示。

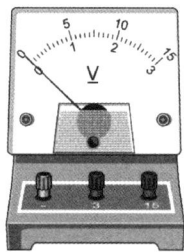

在如图 7-4 所示电压表的表盘上有一个字母"V",说明表盘上数字的单位是伏(V)。

图 7-4

使用前,观察电压表的指针是否指"0"刻度线,如果没有,需要先把指针调整到零刻度,这个过程叫作调零。如果没有调零,会导致测量结果偏大或偏小。秒表、天平、弹簧测力计、电流表在使用前也需要调零。

接下来要说的是重点:量程和分度值。在如图 7-4 所示电压表的表盘中有两行刻度,这说明该电压表有两个量程:0~3 V 和 0~15 V,且两个量程对应的分度值分别为 0.1 V 和 0.5 V。选择量程的标准是,在所测电压不超过量程的情况下,选用较小的量程。例如,要测量 2.5 V 的电压,使用 0~3 V 和 0~15 V 的量程都不会损坏电压表。但是,使用 0~3 V 的量程时,由于分度值较小,指针偏转角度较大,所以测量结果更加精确。但是,要测量 4 V 的电压,那就没得选了,只能选择 0~15 V 的量程。

再次强调,使用温度计、天平、弹簧测力计、电流表、电压表,一定不能让所测的量值超过所选量程,否则有可能会损坏仪器。切记!切记!

(3)最后,说说读数。无论哪种测量工具,读数时都要让视线正对刻度线,即视线与尺面(或表盘)垂直,不能斜视。如图 7-5 所示使用刻度尺测量长度的读数中,B 的读数方法正确,A 的读数方法错误。

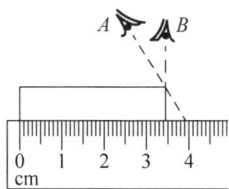

图 7-5

使用刻度尺读数时还要估读分度值的下一位。例如,在如图 7-5 所示中,物体左端与零刻度线对齐,则该物体长度等于它右端对齐的刻度线的数值,读数结果为 3.45 cm,其中 3.4 cm 是准确值,0.05 cm 是估读值。

需要说明的是,估读值有一位即可,因为估读值已经不准确了,所以往下估读再多也没有意义了。测量结果不能没有估读值,但也只能有一位估读值。人生岂非如此,没有孤独过,不算拥有完整的生活,而孤独太多,又是没有意义地活着。

08 | 运动世界的"罗生门"

　　说起运动,我们能举出一大堆例子。但是《宇宙的琴弦》中这段精彩的描述,我相信各位读者都不曾经历过。

　　"让我们想象,在远离星系、恒星和行星的地方,乔治穿着闪红光的太空服漂浮在黑暗的空无一物的空间。从他的角度说,他完全静止地浮在均匀宇宙的黑暗里。他看见远处闪烁着一点绿光,越来越向他靠近。终于,那光走近了,原来是从另一位太空流浪者格雷茜的太空服上发出的,她正慢慢飘过来。经过他时,她向他挥了挥手,他也向她挥挥手。然后,她又消失在黑暗里。这个故事也完全可以从格雷茜的立场来讲。开始的时候,格雷茜独自漂浮在太空无边的黑暗中,她看到远处闪烁的红光向她走来,后来她看清了,那光是从另一个人(乔治)的太空服上发出的。那人向她靠近,经过时也向她挥了挥手,然后消失在远方。"

　　乔治和格雷茜分别从自己的视角讲述了一件同样的事情,他们都觉得自己是静止的,而看到对方是运动的。他们之所以都认为对方是运动的,是因为他们将自身当成了"标准",也就是认为自己是静止的,因为对方相对于自己的位置发生了变化,从而认为对方是运动的。

　　这里所说的"标准"就是物理中的参照物。所谓参照物,就是在研究物体运动情况时假定不动的标准物。当物体相对参照物的位置发生变化时,我们认为该物体是运动的;反之,当物体相对参照物的位置没有发生变化时,我们就认为物体是静止的。如图 8-1 所示。

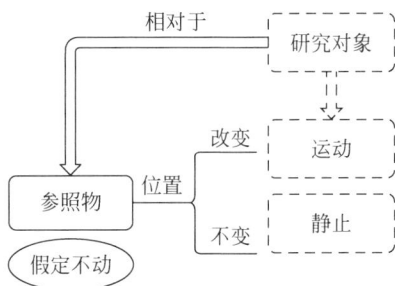

图　8-1

在上面的故事中,乔治和格雷茜都把自己当成了参照物来判断对方的运动情况。如果将对方当作参照物,他们又会如何描述自己的运动情况呢? 我想应该是这样的:

"在远离星系、恒星和行星的地方,乔治和格雷茜穿着不断闪光的太空服漂浮在黑暗的空无一物的空间。乔治描述了他与格蕾茜相遇时的经过。'我看见远处闪烁着一点绿光,感觉自己正向这一点绿光靠近。终于,我离那光近了,原来是从另一位太空流浪者格雷茜的太空服上发出的,我正慢慢飘向格雷茜。经过她时,我向她挥了挥手,她也向我挥了挥手。'这个故事也完全可以由格雷茜来描述。'开始的时候,我独自漂浮在太空无边的黑暗中,后来向远处闪烁的一点红光方向漂去,那光是从乔治的太空服上发出的,我正向乔治靠近,经过时我们彼此挥了挥手。'"

虽然你没有机会像乔治与格雷茜一样身处茫茫太空,但是你坐在汽车里也同样可以体验一下这种感觉。当汽车在笔直的高速公路上速度不变地向前行驶着,你靠在松软的座椅上闭目养神,感觉和坐在家里舒适的沙发上没有什么区别,并不会觉得汽车正在高速行驶着。但是当你睁开眼扭头看到窗外向后飞驰的树木时,或者看到前方的路标在不断地变近,你就不会怀疑汽车正在飞速前进。因为当你睁开眼时,以路面或树木为参照物,就可判断出你正坐在高速行驶的汽车上。

但是乔治和格雷茜就没有你这么幸运了,他们周围除了对方,空无一物,这时他们只能以自己为参照物来描述对方的运动情况,或者以对方为参照物描述自己的运动情况。如果想要同时描述对方和自己的运动情况,还要与其他物体进行比较。

例如,在敦煌曲子词中有这样的词句:"满眼风波多闪烁,看山恰似走来迎,仔细看山山不动,是船行。"

像乔治和格雷茜一样,在水上泛舟的诗人在最初也是从自己的视角出发,以自己为参照物,判断山是运动的;但是他随即就知道原来是自己的船在向前运动,山并没有运动。是因为选择了船(包括自己)和山之外的物体,即地面(或岸)为参照物,船相对于地面的位置发生变化,山相对于地面的位置没有发生变化,所以他判断出"是船行"而不是"山来迎"。

同样的山,以船为参照物是运动的,以地面为参照物是静止的。由此看来,当同一个物体选择了不同的参照物时,得出的运动情况也会是不同的,也就是说运动和静止是相对的。

相对性不仅仅存在于运动中,看待问题也与此类似。例如,同一件事,"公说公有理,婆说婆有理",就是因为彼此站在不同的立场,这才有了不同的看法,不同的态度。这时如果能换位思考,站在对方的角度考虑,便能多一分理解,少一些苛责。或者站在第三者的角度,置身事外地客观分析,又可能得到不一样的结论。

09 | 速度公式金字塔

物理学家费曼是讲笑话的高手,他善于借助笑话引发学生对物理的思考。下面这则笑话就来自于他。

一位女士由于驾车超速而被警察拦住。警察走过来对她说:"女士,您刚才的车速是 60 英里[①]每小时! 这里限速 50 英里每小时,您超速行车了。"

这位女士反驳说:"不可能,我才开了 7 分钟,还不到一个小时,怎么可能走了 60 英里?"

"太太,我的意思是,如果您继续像刚才那样开车,在下一小时内您将驶过 60 英里。"警察耐心地对她解释。

图 9-1

这位女士一听,更是感到冤枉。她说:"这也是不可能的,我只要再行驶 10 英里就到家了,根本不需要再开 60 英里。"如图 9-1 所示。

你可能觉得这个笑话一点儿也不好笑。这很正常,因

---

① 1 英里＝1 609.344 米。

为要找到这个笑话的笑点并不容易，至少要搞懂三个物理量：路程、时间、速度。

路程与时间我们都很熟悉，对于速度你或许也略知一二，汽车上速度计指针指示的就是速度。对于速度，你的认识可能是"速度越大跑得越快"。的确如此，速度就是用来表示物体运动快慢的物理量。例如，在非洲大草原上，猎豹追逐着羚羊，如果猎豹追上了羚羊，说明猎豹比羚羊跑得快，即猎豹比羚羊的速度大；反之，如果猎豹被羚羊甩得越来越远，说明猎豹比羚羊跑得慢，即猎豹比羚羊的速度小。

如果猎豹比羚羊的速度大，猎豹就能追到羊，猎豹吃了羊饱了肚子，羚羊就丢了性命；如果猎豹比羚羊的速度小，羚羊就能死里逃生了，但猎豹会饥肠辘辘。这可真是生死时速！

那么，问题来了，猎豹的速度是多少？羚羊的速度是多少？这就涉及如何计算速度。

在初中物理中，速度的定义为：物体通过的路程与所用时间的比叫作物体运动的速度，速度在数值上等于单位时间内通过的路程。由速度的定义可得速度的计算式为速度 = $\dfrac{路程}{时间}$。

在物理学中，速度用 v 表示、路程用 s 表示、时间用 t 表示，所以速度的公式通常写作：$v = \dfrac{s}{t}$。这个公式有一种有趣的表示方法（图 9-2）。

图 9-2

这个图形酷似金字塔，我们不妨称为公式金字塔。公式金字塔内部"丅"中"—"线表示比，"丨"线表示乘。要计算速度 v，只需要用手遮住表示速度的字母 v，剩下的部分就是速度的计算公式，即 $v = \dfrac{s}{t}$，如图 9-3 所示；同样，用手指按住 t，剩下的部分可以计算时间,即 $t=\dfrac{s}{v}$,如图 9-4 所示;按住 s,剩下的部分可以计算路程,即 $s=vt$,如图 9-5 所示。

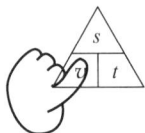
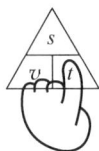

图 9-3　　　　　　　图 9-4　　　　　　　图 9-5

需要注意的是,初学物理时,常常把 $v=\dfrac{s}{t}$、$t=\dfrac{s}{v}$ 写成 $v=s\div t$、$t=s\div v$,这是错误的。产生这样的错误可能有两个原因:一是因为小学学过"速度=路程÷时间""时间=路程÷速度",从而认为把汉字换成字母就可以了。二是把"—"线等同于除号"÷"。上面已经提到"—"线表示比,比是一种关系,$\dfrac{s}{t}$ 表示的是路程与时间的关系,两者之比等于速度;而"÷"只是一种运算符号。当然,也不能把"—"线看作分数线,因为 $\dfrac{s}{t}$ 表示的不是分数。

和路程、时间一样,速度也有单位,但是速度是什么单位却"身不由己",其取决于路程和时间。在国际单位制中,路程的单位是米(m)、时间的单位是秒(s),因此速度的单位是米/秒(m/s)。"/"读作"每",因此"米/秒"读作"米每秒"。这一单位用来描述人步行的速度比较合适。人步行的速度约为 1.2 m/s,表示某人在 1 s 内通过的路程约为 1.2 m。但是对于汽车来说,这个单位就不合适了。显而易见,汽车行驶的路程用 m 计算太小了,还是用"km"比较合适;汽车行驶时间也要远远大小 1 s,一般说行驶了多少小时

（h）。这样来看,速度又有一个新单位:千米/时(km/h)。

那么问题来了,1 m/s 和 1 km/h 谁大呢? 它们怎么换算呢?

想必你心里已经开始盘算了:1 m<1 km,1 s<1 h,所以 1 m/s<1 km/h。

可不是这么比的,还是要靠事实说话。

想想"06 指尖上的单位换算"一节中讲的单位换算的两个步骤:换单位、变数字。如图 9-6 所示。

原来,1 m/s>1 km/h。怪不得孔子说:以貌取人,失之子羽。

km/h 这个单位经常在交通运输中使用,汽车速度计上显示的速度就是以 km/h 为单位,如图 9-7 所示。

$$1 \text{ m/s} = \frac{1 \text{ m}}{1 \text{ s}} = \frac{10^{-3} \text{ km}}{\frac{1}{3\,600} \text{ h}} = 3.6 \text{ km/h}$$

图 9-6

图 9-7

现在让我们回头看费曼讲的笑话。警察说女士的车速是 60 英里/时,女士却反复强调自己不可能行驶 60 英里。

显然,这位女士不理解速度的含义,把速度与路程混为一谈。那么,速度与路程到底有没有关系?

答案是:看情况。

要想搞明白这个问题,还得了解运动的分类。根据运动速度是否发生变化,机械运动可分为匀速运动和变速运动。顾名思义,匀速运动就是速度不变的运动,变速运动就是速度发生变化的运动。另外,根据运动经过路线的形状,机械运动又分为直线运动和曲线运动。如果一个物体运动速度不变,通过的路线又是直线,那么这种运动就是匀速直线运动。生活中很难见到匀速直线运动。毕竟,速度是否变化,运动方向是否变化取决于实际的路况。

在匀速直线运动中,速度是不变的,与路程和时间无关。你想,速度如果变化了,还能叫匀速吗?在匀速直线运动中,路程和时间的比是个定值,即路程与时间成正比。正是因为在匀速直线运动中速度不变,所以我们可以用速度来表示作匀速直线运动物体运动的快慢程度。

那么,在变速运动中呢?速度是不断变化的,又该如何表示物体运动的快慢呢?

答案是平均速度。

在许多情况下,我们不需要精确地知道物体在每一时刻运动的快慢,只要用速度公式计算出物体通过某段路程(或在某一段时间内)的速度即可,这就是平均速度。平均速度好比平均分。例如,某次考试,某班学生的物理平均分为 80 分,这并不是说每个学生都考了 80 分,甚至可能没有一个人正好得了 80 分,80 分只是代表该班全体学生物理的平均成绩。如果再计算全班女生的物理平均分,那就未必是 80 分了,因为人数和总分都发生了变化。

同样道理,如果路程变了或者时间变了,那么平均速度也可能随之改变。生活中所说的速度,大多指的是平均速度。

现在让我们再次回到那个笑话的情景中,警察对女士说:“如果您继续像刚才那样开车,在下一小时内您将驶过 60 英里。”请注意,警察说的是“如果”。这说明警察也知道汽车大概率是不会长时间匀速行驶的。这样看来,车速 60 英里/时不是匀速直线运动中的速度。

那么,60英里/时是平均速度吗?也不是,是瞬时速度。

瞬时速度是指物体在某一时刻或某一位置时的速度。作匀速直线运动在运动过程中速度保持不变,任何时刻的瞬时速度和整个运动过程的平均速度也相同。但在变速运动中,瞬时速度就不等于平均速度了。

现在很多交通事故的发生与车速过快有关,为了减少车祸的发生率,现在道路都加强限速监控管理。监控车速的方法有两种:一种是"定点测速",另一种是"区间测速"。定点测速就是监测汽车在某点的车速,也就是瞬时速度,如果超过了该监测点的最高限速,即被判为超速,前文那则笑话中的警察很可能采用的就是这种方法。有"经验"的司机经常用一个小花招来躲避定点测速,就是当汽车驶近监控测速点时踩几下刹车,使车速降下来,等通过测速点后再踩油门,加大车速。为了堵住这个漏洞,区间测速就登场了。区间测速是测算汽车在某一区间行驶的平均速度。如果超过了该路段的最高限速,即被判为超速。例如,一辆汽车用时 5 min 通过了一段长 8 km 的测速路段,瞬时速度和平均速度任意一个超过 80 km/h 都会被判作超速。在经过区间测速起点和终点时,司机踩了下刹车,速度分别是 75 km/h 和 70 km/h,显然他安全通过了定点测速;但是整个路段的平均速度为 $v = \dfrac{s}{t} = \dfrac{8 \text{ km}}{\dfrac{5}{60} \text{ h}} = 96 \text{ km/h}$。

因为 96 km/h＞80 km/h,所以这辆汽车在该路段会被判超速。

这真是聪明反被聪明误!

10 | 勇敢者的游戏

自然界的一切物体都在运动,运动的形式也多种多样。除机械运动这样能够直观地被人感知到的运动外,还有许多我们无法察觉的微观粒子的运动。

当运动形式相同时,物体的运动特性可以用某些物理量来描述。例如,速度是描述机械运动的物理量;电荷的定向移动形成电流,电流可以用电流、电压、电功率等物理量来描述。

但是当运动形式不同时,这些物理量就"爱莫能助"了。这时,物质的运动特性唯一可以相互描述和比较的物理量就是能量。

能量是一切运动着的物质的共同特性,不同的运动形态对应着不同的能量:

宏观物体的机械运动对应的能量形式是机械能;

分子运动对应的能量形式是内能;

带电粒子的定向运动对应的能量形式是电能;

光子运动对应的能量形式是光能。

如果按照能量的来源来分,原子核的分裂与聚合释放的能量是核能,原子重新排列组合发生化学反应时释放的能量是化学能,还有太阳能、风能、水能、地热能、潮汐能等。

哈哈!能量真是无所不在!

机械能是这些能量中与我们日常生活联系最密切的能量，是本节的主角。机械能包括动能和势能。

动能就是物体由于运动而具有能量，一切运动的物体都具有动能，并且物体的质量越大、速度越大，动能就越大。

速度是相对的，动能也是相对的。例如，空中的小鸟，假定一个质量是 0.5 kg 的小鸟相对于地面的飞行速度是 10 m/s，小鸟撞在你身上不过相当于正常走路的人撞在电线杆上，没有什么大碍。但是撞在高速飞行的飞机上就不一样了，因为小鸟相对于飞机的速度远远大于相对人的速度。假定飞机相对于地面的飞行速度是 290 m/s，当小鸟与飞机相向而行时，以飞机为参照物，相当于小鸟以 300 m/s 速度"冲"向飞机。如此大的速度会将小鸟变成一个有着非常大的动能的"炮弹"，相当于一个人骑着电动自行车以 70 km/h 的速度在公路上飙车——当然，这实际上是做不到的，因为现在电动自行车的限速是 25 km/h。但是，小鸟却做到了。当它撞上飞机，轻则导致飞机紧急迫降，迅速检修；重则导致飞机坠毁。所以，为了避免飞机起飞和降落时与小鸟相撞，很多机场都配置了驱鸟设备。

势能是一种存储待用的能量，包括重力势能和弹性势能。

重力势能是指物体由于被举高而具有的能量。物体的质量越大、位置越高，具有的重力势能就越大。物体所在高度是相对的，重力势能也是相对的。假如你家住在 11 楼，在地板上放一个空酒瓶。相对于你来说，这个酒瓶所在高度是 0，所以它的重力势能为 0；但是相对于地面来说，它足足有 30 m 高，那就具有很大的重力势能了。如果酒瓶被你随手抛出窗外，砸到路上的人，就足以要人性命了，这也是违法的。

弹性势能则是物体因为发生弹性形变而具有的一种能量。如被压缩的弹簧、拉长的橡皮筋、张开的弓等都具有弹性势能。

同一个物体可以既有动能又有势能,并且动能和势能之间可以相互转化。

图 10-1

如果你信任我的话,可以做这样一个游戏:在一个矿泉水瓶中装满水,系在绳子一端,绳子另一端固定在房顶上。然后手拿着瓶子使瓶底刚刚接鼻尖并使绳子绷紧。一切准备好之后,松开手,会看到瓶子在空中荡来荡去(图 10-1)。当瓶子向你荡来时,你无须躲闪,也不用后退,只要稳稳地站在原地即可。眼看瓶子荡到你的鼻尖前,却像强弩之末再也不能前进半点。(切记:松手时不要用力向前推瓶子,瓶子向你荡来时也不要伸头迎接,否则就准备好纸擦鼻血吧!)

这是勇敢者的游戏,足够刺激却并不危险。

说这个游戏不危险是有底气的,底气就是机械能守恒。当瓶子往复摆动的过程中,动能与重力势能在不停地相互转化着。瓶子从高处摆向低处,位置不断变低,速度不断变大,重力势能转化为动能;瓶子从低处返回到高处,速度不断变小,位置不断变高,动能转化为重力势能。从理论上讲,瓶子在摆动过程中机械能不变,总会摆回到最初的高度,绝不会高一点,也不会低一点。所以,鼻子等来的将是一个轻轻地"吻",但实际上这却是个永远等不到"吻"。因为瓶子在摆动过程中受到空气阻力,会消耗一部分机械能。这使得它摆回来时,最大的重力势能小于最初,所以达不到原来的高度。最终的结果是,瓶子摆动高度越来越低,直到停下来。

那么,瓶子在摆动过程中与空气摩擦消耗的机械能去了哪里?

它转化成了内能,变成了热量。这岂不是说机械能和其他能量也可以相互转化。是的!能量不仅可以相互转化,还可以转移,并且在转移和转化的过程中总量保持不变,这就是能量守恒定律。能量守恒定律是物理世界至高无上的"天条律令"。

环顾四周,各种各样的能量数不胜数。但是,要说在生活中应用最普遍的,电能当仁不让。为什么?因为电能可以方便地转化为其他形式的能,并且来源广泛。所以它是非常理想的能量转化站。

看看我们的生活就知道电能的强大了!电热器工作时,电能转化为内能,放出热量;电动机工作时,电能转化为机械能,为人类提供动力;电灯工作时,电能转化为光能,照亮黑夜;打开收音机,电能转化为声能,播放出美妙的音乐;给手机、电动车充电,电能又转化为化学能储存起来蓄势待发。

那么,电能从哪里来呢?

答案是发电厂。

火力发电厂消耗煤炭。煤炭燃烧,把储存的化学能转化内能,释放出热量;这些热量又加热水,产生蒸汽推动蒸汽轮机转动得到机械能,最后再通过发电机将机械能转化为电能。

煤炭储存的化学能又是从哪里来的?答案是太阳。万物生长靠太阳!植物吸收太阳光发生光合作用,将太阳能转化为化学能。煤炭则是上亿年前被埋葬的植物形成的。

煤炭、石油、木柴、风等这些能够提供能量的资源叫作能源,能源就是能量的来源。追根溯源,目前除核能以外的几乎所有能源都来自于太阳,因此太阳被称为"能源之母"。相对于人类来说,太阳可以说是不生不灭,太阳能更是取之不尽、用之不竭。

既然如此,为什么还有能源危机?还要提倡节能呢?

原因并不复杂。人类利用太阳的方式主要有两种：一种是光热转换，如太阳能热水器；一种是光电转换，如太阳能电池。只是现在来看，这两种方式对太阳能的利用率还是太低了。而煤炭、石油、天然气等能源虽然也来自太阳，但形成周期太长了，动辄以亿万年计量，堪称化石了，因此这三种能源也被称为化石能源。化石能源在地球上储存有限，用完了也不能在短期内生成，坐吃山空，又怎会没有危机！

应对能源危机的方法不外乎两种：一是节约能源，减少化石能源的开采与使用；二是发展新能源，如太阳能、风能、水能、核能等。对我们来说，在日常生活做到随手关灯、夏天把空调温度调得稍高一些，也是在为节约能源贡献绵薄之力。

11 | 密度公式是一首浪漫的歌

如果有人问你："铁和木头哪个重?"你很可能会脱口而出："铁重!"但是如果让你思考 1 分钟再回答,你也许就觉得刚才的回答有点草率了。

铁、木头都是物质,物质构成了物体。轻重是生活中的说法,其实指质量。质量表示物体含有物质的多少。由此来说,"铁和木头哪个重"的意思应该是"铁制成的物体和木头制成的物体哪个质量大"。

这个问题还是不好回答。因为铁制成的物体有很多,铁钉、铁锤、铁锹、铁锅等,这些铁制品的质量有大有小。木头也是如此,既能做成质量很小的牙签,也能做成质量较大的桌子。如果拿一个铁锤和一个牙签比,当然是铁锤比牙签的质量大,因为铁含有的物质比牙签多,这样看来应该是"铁比木头重";如果拿一个铁钉和一个桌子比,答案正好相反,因为铁钉比桌子含有的物质少,这时结果就变成了"铁比木头轻"。

为什么会出现两个相反的结论呢?

因为标准不统一。生活经验告诉我们,同样是铁制成的,一个铁钉比一个铁锤轻的质量小。这不难理解,因为铁钉比铁锤的体积小。再进一步追问,还能想到铁锤的体积是铁钉的体积的多少倍,铁锤的质量就是铁钉质量的多少倍。换成木头或其他物质制成的物体,也是这样。由此可以得出一个结论:由同种物质构成的物体,体积越大,质量越大。准确地说,同种物质的质量与体积成正比。换用一种表达方式,就是"同种物质构成的物体的质量与体积的比是一定的"。

那么不同的物质构成的物体的质量与体积的比相等吗? 例如,铁锤的质量与它体积的比和牙签的质量与它体积的比相等吗? 答案是:不相等。换句话说,体积相同的不同物质,质量不同。

现在或许你该知道怎么滴水不漏地回答最初的问题了:"体积相同的铁和木头,铁的质量比木头大。"没错! 但,这说明什么?

这说明不同物质构成的物体的质量与体积的比是不相同的。换句话说,这个"比"反映了物质一种与众不同的性质。

在物理学中,我们用密度表示物质的这一性质。某种物质组成的物体的质量与它的体积之比叫做这种物质的密度,用"ρ"(读作"rou")表示。

这样来看,"铁和木头哪个重"正确的问法应该是"铁和木头哪个密度大"。这里的"重"其实指的是密度大。同样,"油比水轻"的正确说法是"油比水的密度小"。也就是说,这里的"轻、重"描述的是密度,而不是质量。

在物理中,质量用 m 表示、体积用 V 表示,所以密度的公式是 $\rho = \dfrac{m}{V}$。

你也许还没有意识到,已经遇到物理中最浪漫的一个公式了。

浪漫在哪里?

少年的"♡"被丘比特温柔地一箭射中,于是,心上面变成了"m",下面变成了"V",如图 11-1 所示。

你的眼神像丘比特之矢
不经意地穿过我的心
欢喜的歌儿便洒落了一地

图　11-1

　　言归正传。在国际单位制中,质量的单位是千克(kg)、体积的单位是立方米(m^3),所以密度的单位是千克/立方米(kg/m^3),读作"千克每立方米"。常用单位有 g/cm^3,这两个单位的换算关系是:$1\ g/cm^3 = 10^3\ kg/m^3$。

　　换算过程和 m/s 换算成 km/h 相同,可以自己试试。

　　常见的物质的密度从大到小的排列顺序是:金、水银、铅、铜、铁、铝、石头、水、油、酒精、空气。

　　每种物质在不同的状态下,都有着相对固定的密度。这些密度我们不需要都记住,但至少要知道在标准大气压下水的密度是 $1.0 \times 10^3\ kg/m^3$,也等于 $1.0\ g/cm^3$。它表示体积为 $1\ m^3$ 的水的质量是 $1.0 \times 10^3\ kg$(也就是 1 t),或者说体积是 $1\ cm^3$ 的水的质量是 1 g。

　　和速度公式 $v = \dfrac{s}{t}$ 不是只能计算速度一样,利用密度公式 $\rho = \dfrac{m}{V}$ 不仅可以计算密度,还可以计算质量和体积,如图 11-2 所示。

　　应用密度能够鉴别物质,依据是不同物质的密度一般不同。例如,有人送你一个金项链或者金戒指、金镯子之类的首饰。但是,在个别情况下,金项链也可能是铜做的,毕竟两种金属的颜色

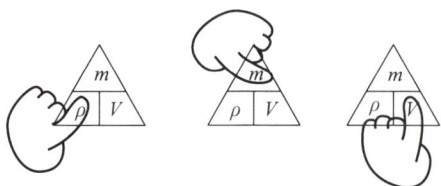

图 11-2

很接近。如果你认真学习了密度的知识,这个问题就不是问题了。你只要测出金项链的质量和体积,然后根据密度公式 $\rho = \dfrac{m}{V}$ 求出它的密度,再对照密度表查看项链的密度是与金的密度接近还是与铜的密度接近。你看,学了物理就能简易地判断项链的真伪了。

应用密度的变形公式 $m = \rho V$ 可以计算质量,下面就用它来估算一个教室内空气的质量。教室内空气的体积等于教室的容积,一般教室的长、宽、高分别为 9 m、7 m、3 m。空气的密度约为 1.29 kg/m³,根据这些数据可以计算出教室内空气的质量约为 240 kg,这抵得上 4 个人的体重(质量)了,如图 11-3 所示。意外不意外!

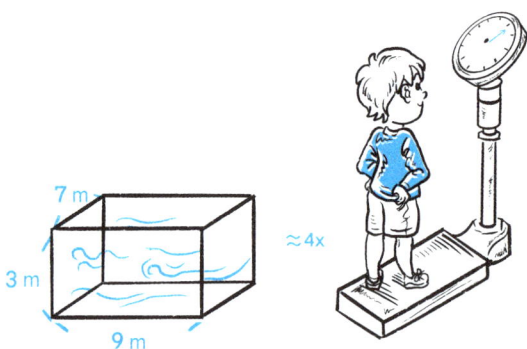

图 11-3

再来说说应用密度公式的变形公式 $V=\dfrac{m}{\rho}$ 计算体积。你可能
觉得知道一个物体的体积不是什么难事。液体比较好办,直接用
量筒就能量出它的体积。那么固体呢?规则固体的体积可以将测
量的长、宽、高或者直径代入体积公式计算;不规则固体的体积可
以用排水法来测量,方法是:先在量筒内倒入适量的水,记下体积
为 V_1;再将物体浸没在水中,记下此时物体和水的总体积 V_2;被
测物体的体积等于 V_2-V_1。或者用溢水法:先将一个容器中装满
水,然后将物体浸没在水中,收集溢出的水并测出其体积,这样就
知道被测物体的体积了。但是,如果物体特别大,以上办法就"力
不从心"了。例如,测人的体积。首先,你很难找到一个能够盛下
人的量筒。如果用溢水法,让人浸没在盛满水的大水缸里也不是
不行,不过这样会弄湿全身,还可能呛到水,不太方便。但是利用
$V=\dfrac{m}{\rho}$ 就不会有这些麻烦和危险了。例如,一个普通中学生的质量约
为 60 kg,人的密度与水的密度接近,取 1.0×10^3 kg/m^3,由此可计算
出人的体积约为 0.06 m^3,合 60 dm^3。一个中学生的体积竟然和一
个普通拉杆箱的体积差不多,如图 11-4 所示。这真令人难以置信!

图　11-4

12 | 给力画幅肖像

终其一生，我们都与各种各样的力"相爱相杀"。例如，重力让我们牢牢地在地面上站稳，却又阻止我们向上跳起；摩擦力让我们走路时不会滑倒，却又将我们的鞋底磨平。我们对物体施加压力、拉力、推力、支持力将物体压瘪、拉长、推动、托起，当然我们也有过承受这些力作用在我们身上的体验。

虽然这些力无处不在，可它们却从来不露出真面目，我们也只能像福尔摩斯一样通过蛛丝马迹来获知它们的存在。

例如，发球员踢足球一脚，足球从地上飞向球门，对方球员又在中途拦截补上一脚，使球偏离了原来的方向。在几番争抢之后，足球终于飞向球门，却在最后关头被飞身而起的守门员伸出的双手牢牢抱住。在这个过程中，每一次转折时足球都受到了球员的作用力。物体由静到动，由动到静，由快到慢，由慢到快，或者方向发生改变，都可以看作运动状态发生了变化。当物体运动状态发生变化时，表明它一定受到了力的作用。

力除了可以改变物体的运动状态外，还可以使物体发生形变。形变是指物体由长变短、由短变长、由直变弯、由弯变直，以及发生扭曲等。比如用手拉伸弹簧时弹簧变长，挤压气球时气球变瘪，撑杆跳时运动员把杆压弯等。

脚踢足球,脚对足球施加了力;手拉弹簧,手对弹簧施加了力;磁铁吸引铁钉,磁铁对铁钉施加了力。从这些例子可以看出,要产生力至少需要两个物体,我们把施加外力的物体叫作施力物体,受到外力的物体叫作受力物体。

以后我们认识任何一个力时,都要先弄明白它的施力物体与受力物体分别是谁。

如重力。施力物体只有一个——地球,受力物体是地面附近的一切物体。不管是人、鸟兽、树木等有生命的物体,还是石头、汽车、飞机等没有生命的物体,无论它们是静止还是运动,只要它们还在地球附近,就时时刻刻地承受着重力的作用。

有人说,"没有从天而降的成功,每从跌倒里站起一次,成功就近了一寸"。从物理角度来说,跌倒是重力把你拉向地面的结果,但跌倒后手掌被擦掉了一层皮,绝对是摩擦力的杰作。对手掌受到的摩擦力来说,施力物体是地面,受力物体是手掌。

现在不妨平复一下心情,坐在沙发上休息一下。顿时松软的沙发被你一屁股坐出一个坑,这是因为你对沙发施加了一个压力。对于这个压力来说,你是施力物体,沙发是受力物体。

在上面几个例子中,我们都能为每个力找到施力物体与受力物体。如果有一天,你认为某个物体受到了某个力,却寻寻觅觅找不到施力物体是谁,那么答案只有一个:这个力是不存在的,是你假想出来的。

但是,仅仅知道了施力物体与受力物体,并不能说已经了解了这个力。就像你不能只能说出朋友的名字,至少还能向别人描述他的身高和相貌。那么,我们如何去描述一个力呢?

要想描述一个力,需要指明它的大小、方向和作用点,这三个合称为力的三要素。

如果你觉得这样还不能说明白,还可以给力画一幅肖像——力的示意图,就像你拿出某个同学的照片给别人看,远远比语言描述更加直观。

所谓力的示意图就是从力的作用点开始,沿力的方向画出一段线段,并在线段末端画上箭头表示力的方向。要想表示出力的大小,需要在箭头的旁边标出来。如图 12-1 所示。

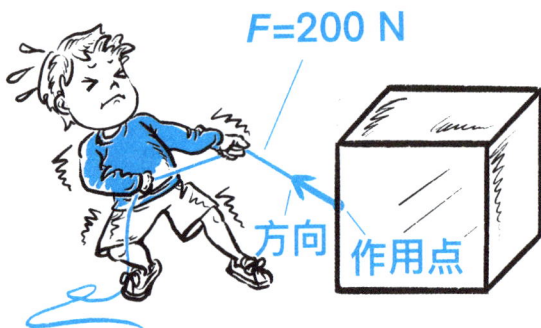

图　12-1

还等什么? 赶紧拿起铅笔和直尺,为你心中的力画一幅肖像吧!

13 │ 三个力，两种关系和一个等式

当物体运动状态发生变化时，表明它一定受到了力的作用。那么，当物体运动状态没有发生变化，能表明它没有受到力的作用吗？不能。

例如你站在水平地面上放着的箱子上，虽然你没有运动，但仍受到了重力和支持力的作用。或者，你坐在斜坡上，除了受重力与支持力，还受到斜坡对你的摩擦力。再比如，在平直的公路上匀速行驶的汽车，除了在竖直方向上受重力与支持力，还在水平方向上受到牵引力与阻力。

在上面的事例中，物体受到了至少两个力的作用，但仍可以保持静止，或者作匀速直线运动状态，这时物体所处的状态叫作平衡状态，我们就说这几个力平衡。

最简单的力的平衡是二力平衡，如站在水平地面上的人，只受重力和支持力的作用，并且人在这两个力的作用下保持静止，所以这两个力是一对平衡力。

两个力要成为一对平衡力并不容易，要求这两个力要"作用在同一个物体上"，然后还要满足"大小相等、方向相反，作用在同一直线上"这3个条件。

因为"修炼"成一对平衡力如此之难，所以在习题中常常遇到

冒名顶替的"李鬼",如相互作用力。

在"12 给力画幅肖像"一节中,我们知道,手拍桌子时,手是施力物体,桌子是受力物体。如果手拍桌子的力很大,桌子可能会轰然散架,但你的手也不会好受。因为手碰到桌子的那一刻,桌子的反击也同步启动。没错!桌子对手也施力了一个力,这个力的施力物体是桌子,受力物体是手。通过发红的手心传来的撕心裂肺的痛感,说明了一切。这真是以牙还牙,针锋相对。

这说明什么?物体间力的作用是相互的。其实相互作用力也不总是作恶,也会与人为善。人向前走路时,脚向后蹬地,脚对地面施加一个向后的力;同时地面也对脚施加一个向前的力,使人能向前走路。游泳时,用手向后划水、脚向后蹬水,手和脚对水施加了向后的力;同时水也对人施加了向前的力,使人能向前游动。这是什么?投之以桃,报之以李。是呀!茫茫人海中每个人也不是一座座孤岛,就像物体间力的作用是相互的,你想别人怎样对待你,你就去怎样对待别人。呵呵!与其相互伤害,不如团结友爱。

一对相互作用力之所以与一对平衡力难分真假,是因为一对相互作用力也是"大小相等、方向相反,作用在同一直线上",但是毕竟假的真不了!它们还是有着本质区别的,简单地说,一对相互作用力"彼此作用在对方"。通俗地说,一对相互作用力就是甲对乙的力和乙对甲的力。

多个朋友多条路,当相互作用力与平衡力相逢一笑泯恩仇,携手合作也能做出意想不到的事。例如,用它们解释初中物理中的这三个经常遇到却又语焉不详的问题:

1. 测量重力

方法:如图 13-1 所示,把钩码挂在弹簧测力计上,当钩码静止时,弹簧测力计的示数等于钩码所受重力的大小。

详解：弹簧测力计的示数 $F_示$ 为测力计的挂钩所受拉力的大小,这个拉力的施力物体是钩码。由于物体间力的作用是相互的,挂钩对钩码也会施加一个向上的拉力 $F_拉$,钩码对挂钩的拉力和挂钩对钩码的拉力是一对相互作用力,大小相等,即 $F_示 = F_拉$。

钩码在竖直方向上受挂钩对它的拉力 $F_拉$ 和地球对它的重力 G,钩码在这两个力的作用下处于静止状态,因此这两个力是一对平衡力,它们大小相等,即 $F_拉 = G$。

综上可知,$F_示 = G$,即当钩码静止时,弹簧测力计的示数等于钩码所受重力的大小。

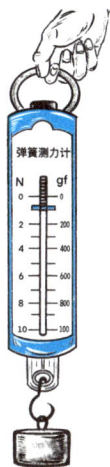

图 13-1

2. 测量滑动摩擦力

方法：如图 13-2 所示,拉动木块在水平面上作匀速直线运动,弹簧测力计的示数就等于滑动摩擦力的大小。

图 13-2

详解：弹簧测力计的示数 $F_示$ 为测力计的挂钩所受拉力的大小,这个拉力的施力物体是木块(把绳子看作木块的一部分)。由于物体间力的作用是相互的,挂钩对木块也会施加一个向右的拉力 $F_拉$。木块对挂钩的拉力和挂钩对木块的拉力是一对相互作用力,大小相等,即 $F_示 = F_拉$。

木块在水平方向上受挂钩对它的拉力 $F_拉$ 和地面对它的滑动摩擦力 f，木块在这两个力的作用下作匀速直线运动，因此这两个力是一对平衡力，它们大小相等，即 $F_拉 = f$。

综上可知，$F_示 = f$，即当木块作匀速直线运动时，弹簧测力计的示数等于木块所受滑动摩擦力的大小。

3. 物体对水平地面的压力等于它所受的重力

当物体放在水平地面上，如果在竖直方向上只受支持力与重力，则它对水平地面的压力等于它所受的重力。

详解：物体对水平地面的压力 F 与水平地面对它的支持力 F' 是一对相互作用力，大小相等，即 $F = F'$。

因物体在竖直方向上只受支持力 F' 与重力 G，所以这两个力是一对平衡力，它们大小相等，即 $F' = G$。

综上可知，$F = G$，即放在水平地面上的物体只受支持力与重力时，它对水平地面的压力等于它所受的重力。

以上各组的三个力，都有一对相互作用力和一对平衡力。这两对力"共用"一个力，并且以这一个力为桥梁，使另外两个力建立了联系，得出了一个关于两个力相等的等式，如图 13-3 所示。

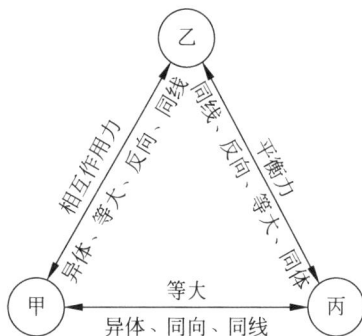

图 13-3

这个二力相等的等式是在解答力学计算题时经常用到的。通过以上分析,希望以后你应用这一等式时,不仅知其然,还能知其所以然。

14 | 天生万物，"懒"是本性

当物体受平衡力时，运动状态不变；受非平衡力时，运动状态发生改变。那么，当物体不受力时会怎样呢？

最早给出答案的是亚里士多德。他认为，没有推力就没有运动。简单地说，要让物体运动，必须有一个力一直推动着它，并且这个推力越大，物体运动得越快。当你第一次听到这种说法，也许会连连点头。亚里士多德说的和我们看到的完全一致。例如，用一个较小的力去推教室里的课桌，课桌虽然被推动了，但前进得并不快。要想让课桌运动速度变大，你得付出更大的推力。当你精疲力竭时，课桌也会停滞不前。这个例子像是完美诠释了亚里士多德的论断：力是维持物体运动的原因。通俗地说，有力，物体就运动；没有力，就静止。这一观点延续了近两千年，虽然其间也偶尔有人提出过异议，但是这些不同观点因为没有足够的证据支持，如时光长河里几朵微不足道的小小浪花，泛起又湮灭，直到有人把这些小小浪花汇聚成了滔天巨浪。

这个人就是伽利略。伽利略用他敏锐的眼光在亚里士多德貌似合理的解释中发现了一个小问题，这个问题虽小却足以致命。以你现在的知识储备来看，这个问题并非不可察觉。设想你站稳脚跟用力推了前面桌子一把，受到推力的桌子向前冲出，在桌子与手分开的瞬间,手对桌子的力也立即消失,失去推力的桌子却没有立即停下,而是继续向前运动了一段距离。

以"桌子停下来的原因"为题,如果让亚里士多德和伽利略做个辩论,亚里士多德可能会说"因为桌子离开手后不受推力了"。如果真的是这样,桌子在离手瞬间应该立即停下,但事实是桌子仍向前运动了一段距离。在这段运动中,伽利略嗅出摩擦力的气味,他给出的答案是"因为桌子受到了摩擦阻力"。

当伽利略发现这一端倪,或许继续追问:如果桌子在水平方向不受摩擦力,桌子会停下,还是继续向前运动呢?为了解决这个疑惑,伽利略设计了一个理想斜面实验:

(1)做两个对接的斜面,让静止的小球沿一个斜面滚下,小球将滚上另一个斜面;

(2)如果没有摩擦,小球将上升到原来的高度;

(3)减小第二个斜面的倾角,小球在该斜面上仍然要达到原来的高度;

(4)继续减小第二个斜面的倾角,最后使它成水平,小球将沿水平面以恒定速度持续运动下去。如图 14-1 所示。

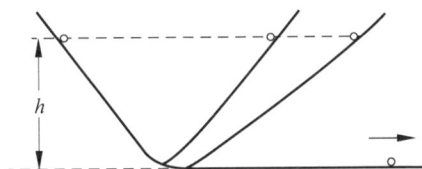

图 14-1

上面的步骤中,(1)属于可靠事实,其余的则是依据实验得出的推论。

最终,伽利略得出了一个结论:运动物体如果不受其他力的作用,将会作匀速直线运动。

但是,伽利略还没有完全揭开力与运动的神秘面纱,因为还有静止的物体在默默地等待牛顿的出现。终于,站在巨人肩头的牛顿发出了强有力的声音:"一切物体在没有受到力的作用时,总保持静止状态或匀速直线运动状态。"

　　这就是如雷贯耳的牛顿第一定律。

　　说实话,要想理解这一定律并不容易,需要咬文嚼字。

　　(1)"一切物体"是指所有的物体,包括静止的物体和运动的物体,即该定律对所有物体都是普遍适用的,没有例外。

　　(2)"不受外力作用"是牛顿第一定律成立的条件,它包含了两种情况:一是物体确实不受任何力的作用,这是一种理想化的情况;二是物体受平衡力作用,这时物体所受的合力为零,相当于不受力。

　　(3)"或"的含义是指物体要么静止,要么作匀速直线运动,两种状态必居其一,且不能同时存在。物体是哪种状态,取决于原来是静止的还是运动的。

　　最后,还要知道牛顿第一定律与其他的运动规律不同,是在大量经验和实验的基础上,通过进一步的推理概括出来的,不可能用实验来直接验证。这是因为我们周围的物体,不可避免地都要受到力的作用。

　　现在,或许你对力与运动的关系有了基本的了解。为使你认识得更直观一些,我画了一个关系图作为小结。根据这个关系图可以在已知物体受力情况或运动状态中的一个时,推理出另一个。如图 14-2 所示。

　　你仔细品,还会发现隐藏在牛顿第一定律中的一个秘密:一切物体都有保持静止状态或匀速直线运动状态的性质,我们把物体的这种性质叫作惯性。

　　这说明什么?物体很"懒"!就像爱睡懒觉的人根本不会想要

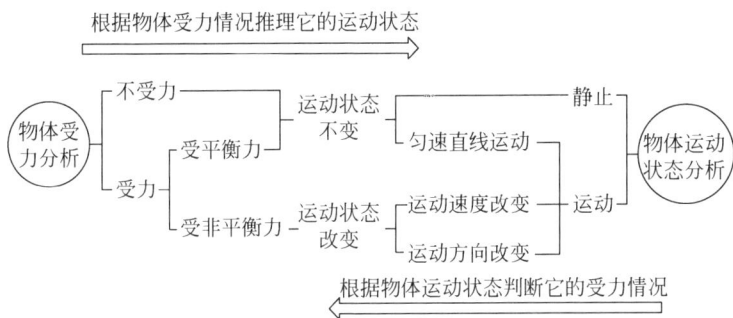

根据物体受力情况推理它的运动状态

物体受力分析 ——不受力——运动状态不变——静止——物体运动状态分析
受力——受平衡力——匀速直线运动
受非平衡力——运动状态改变——运动速度改变——运动
运动方向改变

根据物体运动状态判断它的受力情况

图 14-2

闻鸡起舞,一个放在水平地面上的桌子不愿意动,除非它受到了一个足以使它运动起来的外力;当然,当桌子运动起来时,也不愿意停下来。因此,牛顿第一定律也被称为惯性定律。

但这并不是说惯性与惯性定律是一回事,惯性与惯性定律不能画等号。惯性是所有物体与生俱来的属性,而惯性定律则是一个运动规律。一切物体在任何时候都有惯性,不管它是运动的还是静止的,加速的还是减速的,作直线运动的还是曲线运动的。但是惯性定律的成立却是有"不受力(或所受的力是平衡力)"这一前提条件的。

惯性体现在生活的方方面面。就算你没有学过物理,也一定利用过惯性:衣服上沾了土,用力拍打几下,土就掉下来了;泼水时,向前抢盆,水就飞出了盆;骑自行车累了,不再蹬车,车仍能继续前行。当然,你也在不知不觉中承受过惯性带来的伤害:走路时脚被石头绊了一下来了个嘴啃泥;站在公交车里,汽车突然启动,你差点儿仰面摔倒;坐在汽车后座没有系安全带,紧急刹车时,身体不由自主地向前滑去。

惯性!是天使,也是魔鬼!

15 | 万万想不到的压强

　　虽然说物体受到平衡力作用时相当于不受力,但这只是物体的运动状态不会发生改变。要知道,力还有另一个作用效果——使物体发生形变,这个效果可是万万不能抵消的。只要物体受到力的作用,都会发生形变,不同的是形变程度是否明显。

　　弹簧受到拉力变长,这是拉力的作用效果。但是说到力使物体发生形变的话题,压力更合适。因为在大多数的情况下,物体受到拉力时往往会运动起来。但是受到压力作用时,却是"无处逃避",只能"咬紧牙关地承受",哪怕已是被压得面目全非。

　　想一想你坐在沙发上屁股下面出现的那个坑,如果有一个顽皮的孩子爬到你的身上,你对沙发的压力会变大,这个坑就会变得更深;如果你躺平,坑会变浅一些,这是因为沙发的受力面积(人与沙发的接触面积)变大了。这样看来,压力的作用效果不仅与压力大小有关,还与受力面积有关。

　　在物理学中,我们用压强表示压力的作用效果。物体所受的压力与受力面积之比叫作压强。压强在数值上等于物体单位面积上所受的压力。压强用 p 表示,压力用 F 表示,受力面积用 S 表示,则压强 $p = \dfrac{F}{S}$。在国际单位制中,压强的单位是帕斯卡,简称帕,用 Pa 表示,1 Pa=1 N/m^2。

一个中学生对水平地面的压力约为 600 N,两脚与地面的接触面积约为 400 cm^2,由此可计算出他站立时对地面的压强 $p=\dfrac{F}{S}=\dfrac{600\ \text{N}}{400\times10^{-4}\ \text{m}^2}=1.5\times10^4$ Pa。如果他抬起一只脚或者走起来,对地面的压强就变成了 3.0×10^4 Pa,因为这时受力面积变成了原来的一半,但压力不变,所以压强变成了原来的 2 倍。如果想再增大对地面的压强,就得向芭蕾舞演员学习了,她们在跳舞时是用脚尖着地的。要是还想继续再增大压强,可能需要去少林寺拜师苦练一指禅,这时受力面积只有 1 cm^2 左右,压强可以达到站立时的 400 倍了。

应用压强公式,不仅可以计算压强,还可以计算压力和受力面积,如图 15-1 所示。

图 15-1

人对沙发或地面之所以有压强,是因为有压力,而之所以有压力,是因为有重力(这并不是说压力一定是由重力产生的,当你用手挤压墙时,手对墙也有压力,这个压力的产生就与重力无关)。固体受到重力,液体和气体同样也受到重力,它们也会产生压强。

对于固体来说,它对水平面的压力等于它所受的重力,即 $F=G$,受力面积也容易求出,所以可以很方便地用公式 $p=\dfrac{F}{S}$ 计算压强。但是液体就不一样了,液体对容器底的压力 F 不一定等于容器内液体所受的重力 G,两者的关系取决于容器的形状,如图 15-2 所示。

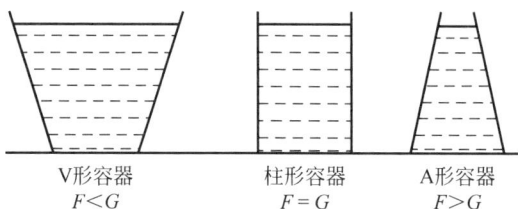

| V形容器 | 柱形容器 | A形容器 |
| $F<G$ | $F=G$ | $F>G$ |

图　15-2

当容器形状不是柱形时,水对容器底部的压力也就无法根据它的重力获知,这时用公式 $p=\dfrac{F}{S}$ 计算液体压强就显得力不从心了。

好在天无绝人之路,计算液体压强有专属公式 $p=\rho gh$ 可用。在这个公式中,ρ 是指液体的密度,而不是物体的密度。例如,无论石头浸入水中,还是木头浸入水中,计算水对它们的压强时,ρ 都是

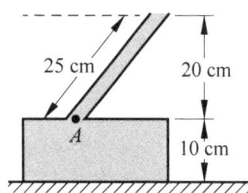

图　15-3

水的密度。h 是指液体或容器中某点到自由液面(与空气接触的液面)的竖直距离,与其到容器底的距离无关。所以,h 是指液体的深度,而不是高度。如图 15-3 所示的装满水的容器中 A 点深度为 20 cm。

在以后解题时,你将会遇到压力和压强的计算,一般写作“求甲对乙的压强(或压力)”的形式。这时,你首先要搞明白计算的是固体压强还是液体压强。判断的依据是,观察“甲”是固体还是液体。例如,“求容器对桌面的压强”,这时“甲”是“容器”,容器是固

体,因此这是计算固体压强的问题。解答的步骤一般是先用 $F = G = mg$ 计算压力,再根据 $p = \dfrac{F}{S}$ 计算压强。再如,"求水对容器底的压力",这时"甲"是"水",水是液体,因此这是计算液体压力的问题。解答的步骤一般是先用 $p = \rho gh$ 计算压强,再用 $F = pS$ 计算压力。

固体和液体都能产生压强。固体产生的压强大部分通过受力面的形变可以看见,液体产生的压强当我们潜入水下后也能感受到。那么,气体能产生压强吗?

地球周围被一层超过 1 000 km 厚的大气层包裹着,和液体一样,空气也受到重力,也具有流动性。就像水对浸在里面的鱼、沉在水底的石块等一切物体有压强一样,空中的飞鸟、地上行人等世间万物也受到了来自空气的压强。我们把大气对浸在它里面的物体的压强叫作大气压强,简称大气压。

说实话,要想让一个人认识到大气压的存在,并不是一件太容易的事。我们从呱呱落地开始就被大气压紧密环绕,就像鱼儿感受不到水,我们也觉察不出大气压的存在。只有当物体内部压强突然减小,因为小于外界大气压强而产生一个压强差,从而导致在大气压的作用下出现了某种意料之外的现象时,我们才不得不接受这个事实,如马德堡半球实验。

1654 年,德国马德堡市市长格里克进行了一场大型科学秀表演,观众包括皇帝斐迪南三世,这场表演试图打消世人对大气压存在的怀疑。他把两个直径约 36.6 cm 的空心铜半球扣在一起,抽出球内一部分空气后,用了 16 匹马好不容易才把它们分开,如图 15-4 所示是德国 2002 年为格里克诞生 400 周年发行的纪念邮票,也是马德堡半球实验的场面。这个实验向世人震撼地展示了大气压的力量——因为是大气产生的巨大压力把两个半球紧紧地压在一起的。

图 15-4

既然大气压存在是不争的事实了，那么问题来了：大气压有多大呢？

答案在 1643 年意大利科学家托里拆利就已经给出。

托里拆利是伽利略的学生，他从大气可以支持起约 10 m 高的水柱想到，如果换用密度是水密度 13.6 倍的水银做实验，水银柱的高度应该小于 1 m。于是，他指导伽利略的另一个学生维维安尼在佛罗伦萨进行了实验。这个实验并不复杂，在一根长约 1 m、一端封闭的玻璃管里灌满水银，用手指将管口堵住后立即将玻璃管倒过来插入水银槽中。松开手指，管内水银下降到一定高度后就停止不动了，就算将玻璃管倾斜，玻璃管内外的水银高度差始终保持在 760 mm，如图 15-5 所示。

这时玻璃管中水银面的上方是真空，槽中水银面上方是空气，大气压等于管中水银柱产生的压强。

为什么两者相等呢？这可以从二力平衡的角度来分析。假想水银柱静止后，与水银槽中的水银面相平的玻璃管内的水银柱里

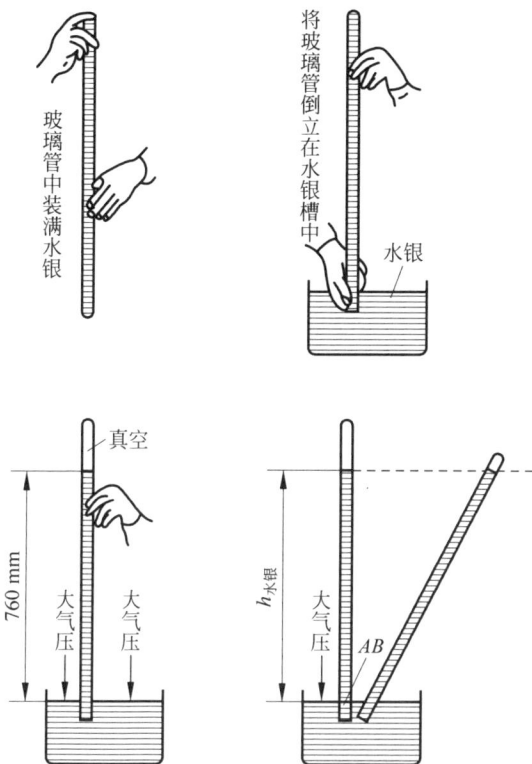

将玻璃管倒立在水银槽中

玻璃管中装满水银

水银

真空

760 mm

大气压 大气压

$h_{水银}$

大气压 AB

图　15-5

有一个小液片 AB。小液片 AB 处于静止状态,说明它在竖直方向受平衡力,则大气压力等于管中水银对它的压力,即 $F_{大气} = F_{水银}$。又因为 $F = pS$,且受力面积相同,所以大气压 $p_{大气} = p_{水银}$,即大气压在数值上等于管内水银柱产生的压强。这个数值还可以由液体压强计算求得,计算过程是:$p_{水银} = \rho_{水银}\, gh_{水银} = 13.6 \times 10^3\ \text{kg/m}^3 \times 9.8\ \text{N/kg} \times 0.76\ \text{m} \approx 1.01 \times 10^5\ \text{Pa} \approx 10^5\ \text{Pa}$,这么大的压强相当于一个 100 kg 的人站在你的手掌上产生的压强。

大气压竟然这么厉害,真是万万想不到呀!

16 | 迎战浮力，要三思而行

　　据说，2000 多年前，古希腊贤哲阿基米德被希隆王交代检测金王冠中是否被工匠掺了银的难题搞得一筹莫展。直到他进入浴盆看到有水溢出，头脑中灵光一闪，刹那间找到了解决问题的方法。

　　但这不是今天的重点。重点是水溢出的同时，阿基米德感受到了水对他向上的托力，并且发现他的身体进入水中越多，这个托力就越大。我们把水对浸入它里面的物体施加的这个向上的托力叫作浮力。想必阿基米德已经意识到他受到的浮力的大小可能与他的身体排开水的多少有关，因为他成功地建立一个定律用来表示两者之间的关系。这个定律在初中物理中是这样表述的：浸在液体中的物体受到液体对它竖直向上的浮力，浮力的大小等于它排开的液体所受的重力。这就是著名的阿基米德原理，可以用一个简洁的等式表示：$F_浮 = G_排$。

　　需要注意的是，浮力与它排开的液体所受的重力仅仅是在数值上相等，这两个力并不是一个力。就像一个人重 100 kg，一头猪也重 100 kg，人和猪只是一样重，但你如果就此说这个人就是猪，就是找着挨揍了。

　　因为重力 $G = mg = \rho g V$，所以阿基米德原理公式也可以写作：$F_浮 = \rho_液 g V_排$。这才是初中物理中计算浮力最常用的公式，因为没有哪个题直接告诉你物体排开的液体有多重,往往告诉你排开了哪种液体和排开液体的体积。

在 $F_浮 = \rho_液 g V_排$ 中,$\rho_液$ 是物体浸入的液体的密度,而不是物体的密度;"$V_排$"是物体排开液体的体积,并不一定等于物体的体积 $V_物$,也不一定等于溢出的液体的 $V_溢$。如图 16-1 所示。

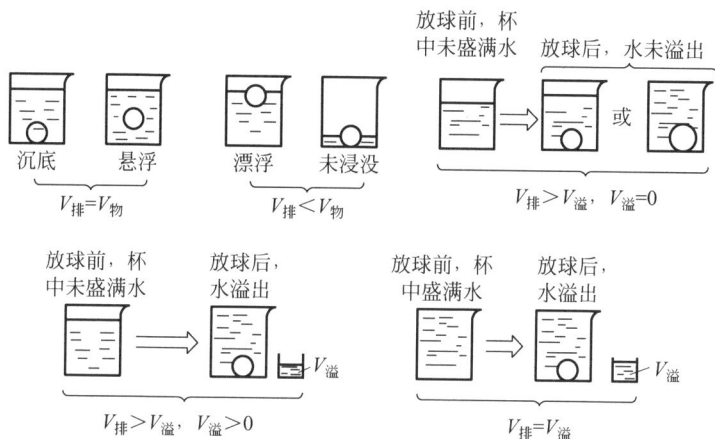

图 16-1

阿基米德原理不仅适用于液体,也适用于气体,是计算浮力的第一思路。

虽然说阿基米德原理解决了浮力的计算问题,但是却并未告诉我们浮力从何而来。要想弄明白这个问题,需要先建构一个模型。

如图 16-2 所示,设想有一个立方体浸没在液体中,6 个面分别受到液体对它的压力 $F = pS = \rho g h S$。因为左、右两个侧面在液体中的深度 h 与受力面积 S 均相同,所以 $F_左 = F_右$,这两个力是一对平衡力,可以相互抵消;同理,前后两个面受到液体的压力也能相互抵消。但是上、下两个面受到液体的压力就不能抵消了。因为下表面距离液面较深，即 $h_下 > h_上$，又因为 $S_下 = S_上$，所以 $F_下 > F_上$，这说明物体下表面受到液体对它向上的压力 $F_下$ 大于上表面受到的液体对它向下的压力 $F_上$。这两个力的压力差就是浮力，即 $F_浮 = F_下 - F_上$。

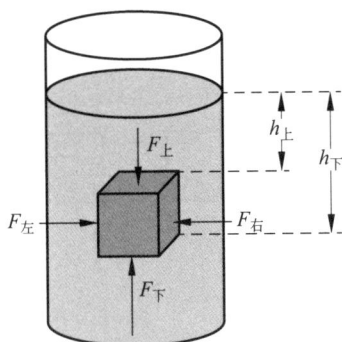

图 16-2

由此可知，浮力的产生是因为液体内部压强随深度的增大而增大，而液体内部之所以产生压强，是因为液体受到重力。由此来看，浮力来源于重力。但浮力与重力却是一对冤家，因为它们方向相反：浮力方向总是竖直向上，重力方向总是竖直向下。

$F_浮 = F_下 - F_上$ 是计算浮力的又一个思路。利用这一关系式还可推导阿基米德原理：$F_浮 = F_下 - F_上 = p_下 S - p_上 S = \rho g h_下 S - \rho g h_上 S = \rho g S (h_下 - h_上) = \rho g S h = \rho g V$。此时 $\rho_液 = \rho$，$V_排 = V$，所以可得阿基米德原理公式 $F_浮 = \rho_液 g V_排$。

对于简单的问题，使用以上两种思路套用公式就能计算出浮力，但是当情景稍稍复杂一些或者借助浮力计算其他的力时，这两种思路就无能为力了。

这时，需要用到第三种思路：平衡力。

当物体浸入液体中，静止时处于平衡状态，解题的突破口就是对物体做受力分析。一般来说,在初中物理中,物体浸在液体中可能受到两个力或三个力。下面我们就逐一分析。

1. 二力平衡

当物体在液体中漂浮或悬浮时,所受浮力等于重力,即 $F_浮 = G$。当物体漂浮或悬浮时,如果根据已知条件不能直接计算浮力,不妨把目光转向重力来"迂回作战"。需注意的是,漂浮时 $V_排 < V$,悬浮时 $V_排 = V$。

2. 三力平衡

此时物体在液体中静止时,除了受浮力与重力外,还受第三个力的作用。第三个力的方向有两种可能。

(1) 第三个力方向向上。这个力可能是物体上表面受到的方向向上的拉力,也可能是物体下表面受到的方向向上的托力。这个向上的力用 F 表示,这时有 $F_浮 + F = G$。

(2) 第三个力方向向下。这个力可能是物体上表面受到的向下的压力,也可能是物体下表面受到的向下的拉力。如果这个向下的力也用 F 表示,有 $F_浮 = G + F$。

当然,要解决问题只靠这两个关系式肯定还是"势单力薄",还需要 $F_浮 = \rho_液 g V_排$、$G = mg = \rho g V$ 这两个式子的"鼎力支持"。

看到这里,或许你心里还有一个疑问:如果题中没有告诉我物体静止时所受的状态,该怎么办呢?

答案是先判断物体的浮沉情况。判断物体浮沉的方法有两种:一是比较液体密度 $\rho_液$ 和物体密度 ρ 的大小;二是假设物体浸没,比较物体所受浮力 $F_浮$ 和重力 G 的大小。

比较后得出的结果有三种可能:

(1) 若 $\rho_液 > \rho$,浸没时 $F_浮 > G$,物体最终会漂浮在液面上,有一部分体积露出液面，浮力也会随之变小，直到等于重力 G 为止；

（2）若 $\rho_{液}=\rho$，浸没时 $F_{浮}=G$，物体在液体中保持悬浮；

（3）若 $\rho_{液}<\rho$，浸没时 $F_{浮}<G$，物体最终会沉在容器底部。

最后，我把计算浮力问题的三种思路和判断物体浮沉的方法以及它们之间的联系打包放在一图中，以备你不时之需！如图 16-3 所示。

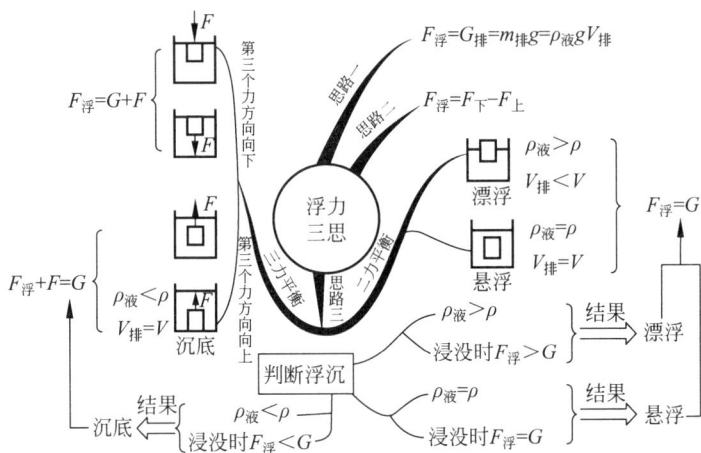

图　16-3

17 | 省力的代价

　　与动物相比，人类在体能上实在没有什么可称道的。没有虎和狮一样锋利的爪牙，没有牛和鹿一样坚硬的犄角，没有像大象一样庞大的身躯，像犀牛一样坚硬的铠甲，如果赤手空拳地与野兽单打独斗，胜算实在少得可怜。

　　但是人类有智慧的头脑，从拿起石头和木棒开始，就源源不断地制造出各种各样的工具来武装自己。枪炮成为人类进攻的爪牙，飞机成就了人类的飞天梦，船艇让人类涉足海洋，汽车让人类日行千里，这些装置虽然复杂，但却是由各种各样的简单机械组合而成的。

　　在初中物理中出现的简单机械可以分为两大"家族"：杠杆和斜面。杠杆家族包括杠杆、滑轮、轮轴；斜面家族包括斜面、螺旋。

　　说起杠杆，就不由得让人想起阿基米德的那句豪言壮语："给我一个支点，我就能撬动地球。"阿基米德的确有骄傲的资本，他利用杠杆原理制造的抛石机、起重机给入侵叙拉古的罗马舰队造成了巨大伤亡。罗马统帅马塞拉斯甚至苦笑着说："这是一场罗马舰队与阿基米德一人的战争。"

　　1971 年尼加拉瓜发行了一套邮票：改变世界的 10 个公式。其中第 3 枚展示的就是阿基米德发现的杠杆原理，也就是初中物理中的"杠杆平衡条件",如图 17-1 所示。邮票上画着一个天平,旁边写着 $F_1X_1=F_2X_2$,其中 F 为作用力,X 为力臂。在初中物理中,力臂用 L 表示,杠杆平衡条件也就变成了:$F_1L_1=F_2L_2$。

图　17-1

要想搞清楚杠杆平衡条件 $F_1L_1=F_2L_2$ 的含义,首先要明白什么是杠杆? 什么是杠杆平衡? 杠杆是指能绕着固定点(即支点)转动的硬棒。这说明要成为杠杆需要同时满足两个条件:一是能绕着固定点转动,二是硬棒。至于这根硬棒是直的还是弯的,并不是关键。杠杆平衡状态是指处于静止状态或匀速转动状态。

其次,还要明白公式中各个物理量的含义。如图 17-2 所示,F_1 是动力,是使杠杆转动的力;F_2 是阻力,是阻碍杠杆转动的力。动力与阻力都是作用在杠杆上的力。L_1 是动力臂,是支点到动力作用线的距离;L_2 是阻力臂,从支点到阻力作用线的距离。需注意的是,力臂并不一定等于支点到力的作用点的距离。

由 $F_1L_1=F_2L_2$ 可知,当 $L_1>L_2$ 时,$F_1<F_2$,这样的杠杆使用起来比较省力,叫作省力杠杆。撬棒、铡刀、起钉锤等都属于省力杠杆。从理论上说,只要阿基米德能找到一根足够长足够硬的棍子,并且能在宇宙中找到一个支点,当动力臂与阻力臂的比值足

图 17-2

够大时,他夸下的海口还是有希望实现的。对了!还有一点,那就是阿基米德要活得足够长。因为省力杠杆虽然省了力,却费了距离。动力臂是阻力臂的几倍,要将地球抬起,动力作用点就得移动几倍的距离。一个凡人要凭一己之力哪怕是将地球抬高 1 nm,手握住杠杆另一端也要往下压 280 万年(假定动力作用点移动速度和人步行速度接近),这么长的时间足够猿人进化成人类了!

如果 $L_1 < L_2$ 呢?结果是 $F_1 > F_2$,这类杠杆叫作费力杠杆。俗话说,费力不讨好。这样的杠杆还有存在的必要吗?非常有!因为使用这类杠杆能省距离。理论上说,动力是阻力的几倍,要达到目的就只需移动几分之一的距离。镊子、筷子,甚至你端起茶杯时的前臂(如图 17-3 所示)都是费力杠杆。

还有一类杠杆的 $L_1 = L_2$,即动力臂与阻力臂相等,所以这类杠杆叫作等臂杠杆。使用等臂杠杆既不省力,也不费力。当然,你或许还猜到了使用这类杠杆不会省距离,也不会费距离。的确如此!但是你如果觉得这类杠杆是来凑数的,那就错了。等臂杠杆也有它的用途,天平就是等臂杠杆,还有你坐过的跷跷板,以及定滑轮。

定滑轮是滑轮的一种,与它名字相对的是动滑轮。这两种滑

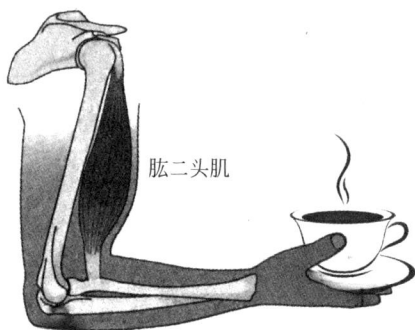

图　17-3

轮结构相同,都是一个周边有槽,并且能够绕轴转动的轮子。至于是哪种滑轮,取决于使用时的位置是否和被拉动的物体一起移动。定滑轮在工作时,轴固定不动,轮子绕着轴心转动,如图 17-4 所示;动滑轮在工作时,轮子绕着相切的一点转动,它的位置随物体一起移动,如图 17-5 所示。

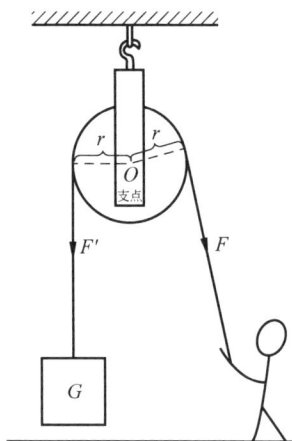

由杠杆平衡条件得
$Fr = F'r$
所以$F = F'$
不计绳重及摩擦时
$F' = G$
则$F = G$

图　17-4

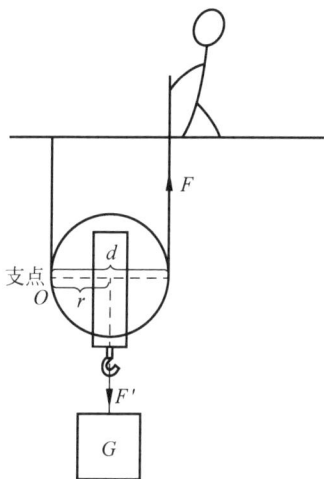

由杠杆平衡条件得

$Fd=F'r$

所以$F=\dfrac{1}{2}F'$

① 不计绳重及摩擦时

$F'=G+G_{动}$

则 $F=\dfrac{1}{2}(G+C_{动})$

② 不计绳重及摩擦、动滑轮重时

$F'=G$

则 $F=\dfrac{1}{2}G$

图 17-5

  定滑轮实质是等臂杠杆,动滑轮则可以看作动力臂是阻力臂的 2 倍(拉力作用在轮上且拉力作用线与阻力作用线平行时)的省力杠杆。因此,使用定滑轮不能省力,也不能省距离,但是可以改变拉力的方向。旗杆的顶部就有一个定滑轮,升旗时向下拉绳子就可以把旗升上去。使用动滑轮最多可以省一半的力,但不能改变拉力的方向,还要费一倍的距离。也就是说,你要使物体升高 1 m,就要把绳子向上拉 2 m。

  使用定滑轮,能改变力的方向却不能省力;使用动滑轮,能省力却不能改变力的方向。如果既想省力,又想改变力的方向,那该怎么办呢? 方法是把定滑轮与动滑轮结合在一起组成滑轮组,如图 17-6 所示。在滑轮组中,动滑轮负责省力,定滑轮负责改变力的方向,这真是强强联手优势互补。在生活中也是一样,不能总盯着别人的缺点,更要看到别人的长处,精诚合作才能实现“双赢”。

  轮轴,物如其名,由轮和轴组成,它们固定在一起绕着同一轴

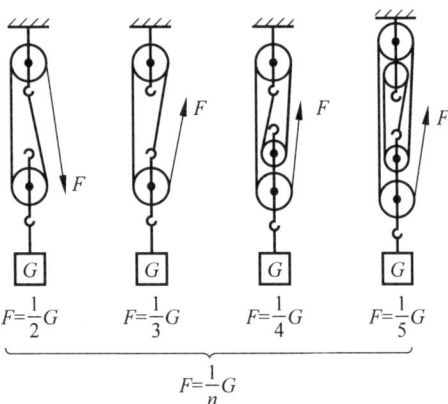

滑轮兄弟本领强，
一省力来一变向。
若是两个齐上阵，
既省力又变向。

不计动滑轮重、绳重及摩擦

$F=\dfrac{1}{2}G$　　$F=\dfrac{1}{3}G$　　$F=\dfrac{1}{4}G$　　$F=\dfrac{1}{5}G$

$$F=\dfrac{1}{n}G$$

不计绳重及摩擦

$F=\dfrac{1}{2}(G+G_{动})$　　$F=\dfrac{1}{3}(G+G_{动})$　　$F=\dfrac{1}{4}(G+G_{动})$　　$F=\dfrac{1}{5}(G+G_{动})$

$$F=\dfrac{1}{n}(G+G_{动})$$

n为承担物重的绳子股数。
一般来说，几股绳与动滑轮相连，n就等于几。

图　17-6

线转动,如图 17-7 所示。因此,轮轴实质是一个可以连续转动的杠杆。为了省力,使用时动力作用在轮上,阻力作用在轴上,那么轮半径是轴半径的几倍,动力就是阻力的几分之一,如图 17-8 所示。

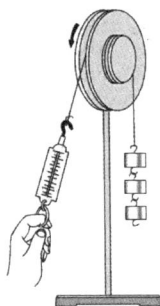

图　17-7

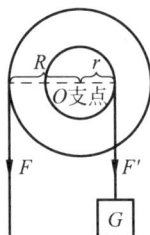

由杠杆平衡条件得
$$FR=F'r$$
不计绳重及摩擦,
$$F'=G$$
则$FR=Gr$

图　17-8

比起滑轮,轮轴在生活中更为常见。螺丝刀、汽车方向盘、门把手、水龙头的旋钮等实质上都是轮轴,只不过有的把轮简化成了"臂",如图 17-9 所示。

图　17-9

斜面是简单机械另一个家族的代表。如果你知道什么是水平面,也就不难理解什么是斜面了。只要你有一块木板,把一端垫高,瞬间就可以搭建出一个斜面。幼儿园里小朋友们喜欢的滑梯就是斜面。

使用杠杆,可以省力,也可以费力。就算是动滑轮和轮轴,如果把动力作用在轴上,阻力作用在轮上,也一样费力。但是,使用斜面总是会省力,如图 17-10 所示。想一想爬楼梯比爬树容易多了,你就明白了。

在生活中你也一定有过这样的体验,斜坡越缓(即与水平面夹角越小),走上去越轻松省力。但是这也带来另一个问题:增加了斜面长度。为了解决这个问题,人们把斜面做成迂回盘旋的,例如,盘山公路(如图 17-11 所示)、木螺丝(图 17-12)。用一张三角形的纸,按如图 17-13 所示的方法缠绕在铅笔上就出现了一个盘山公路或木螺丝的形状。将纸展开,可以看出,这是一个斜面。所以,盘山公路、木螺丝都可以看成绕在圆柱上的斜面,这类特殊的斜面叫作螺旋。

不计摩擦: $F=\dfrac{h}{L}G$

比直接搬上去轻松多了!

图 17-10

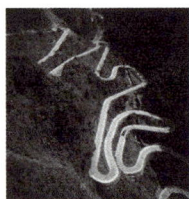

图 17-11

图 17-12

图 17-13

与杠杆家族一样,斜面家族成员在省力的同时,也付出了费距离的代价。

省力的代价,就是费距离。凡为机械,概莫能外!

18 决战滑轮组

为什么使用机械时省力与省距离不可兼得？为什么要省力就必然要付出费距离的代价呢？

通过大量的实验表明：使用任何机械都不能省功。这个结论曾被称为"机械的黄金定律"。复杂的机械是由简单机械组合而成的，所以功的原理适用于一切机械。

那么，什么是功？功和力、距离又有什么关系呢？

在物理学中，力和物体在力的方向上移动距离的乘积叫作机械功，简称为功。在物理学中，功用 W 表示、力用 F 表示、距离用 s 表示，所以功的表达式为 $W=Fs$。在国际单位制中，功的单位是焦耳，简称为焦，用 J 表示。$1\,\mathrm{J}=1\,\mathrm{N}\cdot\mathrm{m}$。

现在你应该明白了，因为使用机械不能省功，而功等于力与距离之积，所以省了力必然要费距离。

物体由于受到重力而下落是重力做功，把物体匀速举高是克服重力，举起物体的力等于它所受的重力。在这两种情况下，力的大小等于重力，即 $F=G$。距离等于物体竖直下降或被举的高度，即 $s=h$。因此，当重力做功或克服重力做功时，功的公式也可以写为 $W=Gh$。

就像物体运动有快有慢，做功也有快有慢。在物理学中，用功率表示做功的快慢。功与做功所用时间之比叫作功率。功率用 P 表示，因此它的公式是 $P=\dfrac{W}{t}$。国际单位制中，功率的单位是瓦特，简称瓦，用 W 表示。功率是机器的一个主要性能。在选购机器时，要根据实际需要选择功率大小合适的机器。

利用机械做功来说，不仅要考虑做功多不多、快不快，还要分析值不值。"多不多"描述的是功，"快不快"描述的是功率，"值不值"描述的则是机械效率。

要理解机械效率，首先要弄明白三个概念：有用功、额外功、总功。

有用功是指为了达到目的而做的功，用 $W_{有用}$ 表示；与有用功相对的是额外功，额外功不是人们需要的但又不得不做，用 $W_{额外}$ 表示。有用功与额外功之和叫作总功，用 $W_{总}$ 表示。用买西瓜做类比。买西瓜的目的是吃里面的瓜瓤，但不得不连同瓜皮一起买了。买瓜瓤花的钱相当于有用功，买瓜皮花的钱相当于额外功，买西瓜花的钱相当于总功。在瓜甜可口的情况下，瓜皮越薄，越觉得钱花得值。同样，利用机械做的功如果大部分都是有用功，也一定觉得这个机械做功很值。

在物理学中，有用功与总功的比值叫作机械效率，机械效率越高，说明有用功在总功中所占比例越大。机械效率的符号是 η，常用百分数表示，它的计算式为：$\eta=\dfrac{W_{有用}}{W_{总}}\times100\%$。

因为额外功不能消灭，所以有用功总是小于总功，机械效率总是小于 1。

以滑轮组为例。如图 18-1 所示，使用滑轮组竖直向上提升重物，目的是提升重物，因此克服物重所做的功是有用功，$W_{有用}=$

Gh;人施加在绳端的拉力所做的功是总功,$W_总 = Fs$。在提升重物的过程中,克服绳重及摩擦、提升动滑轮也要做功,这些功都属于额外功。若不计绳重与摩擦,额外功等于克服动滑轮自重所做的功,即 $W_{额外} = G_动 h$。

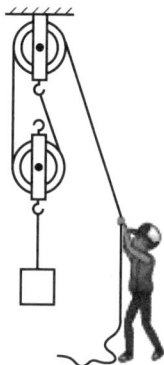

关于滑轮组的三个等式

(1) 距离关系:$s = nh$
(2) 速度关系:$v_绳 = nv_物$
(3) 力的关系:$nF = G + G_动$
   (不计绳重及摩擦)
说明:n 为承担物重的绳子股数。一般来说,几股绳与动滑轮相连,n 就等于几。

图　18-1

一般来说,计算滑轮组机械效率的思路是先根据 $W_{有用} = Gh$、$W_总 = Fs$ 分别计算有用功和总功,再根据 $\eta = \dfrac{W_{有用}}{W_总}$ 计算机械效率。但是当 s、h 未知且无法求出时,便无法求出 $W_{有用}$ 与 $W_总$,这样也就不能根据 $\eta = \dfrac{W_{有用}}{W_总}$ 计算机械效率了。但是天无绝人之路,只要将机械效率公式稍加拓展,便无需求出 $W_{有用}$、$W_总$ 也能计算机械效率。$\eta = \dfrac{W_{有用}}{W_总} = \dfrac{Gh}{Fs} = \dfrac{G}{nF} = \dfrac{G}{G + G_动}$。

需注意的是,使用 $\eta = \dfrac{G}{G + G_动}$ 计算滑轮组机械效率的前提是"不计绳重及摩擦"。另外,从这一计算式中还能知道滑轮组机械效率与绳端移动的距离、物体被提升的高度无关,影响滑轮组机械

图 18-2

效率的主要因素是物重和动滑轮自重。具体地说，使用同一滑轮组提升物体时，物重越大，机械效率越高；物重一定时，动滑轮越轻，机械效率越高。如果考虑摩擦，通过加润滑油来减小摩擦也能提高机械效率。

看了以上的分析，如果你觉得计算滑轮组机械效率不过尔尔，可就大错特错了，因为滑轮组还能与浮力结合在一起"兴风作浪"，如图 18-2 所示。

在物体上表面未露出水面的过程中，提升物体所用的力等于物体所受重力与它所受的浮力之差，有用功 $W_{有用}=(G-F_{浮})h$。则在此过程中，滑轮组机械效率 $\eta=\dfrac{W_{有用}}{W_{总}}=\dfrac{G-F_{浮}}{nF}=\dfrac{G-F_{浮}}{G+G_{动}-F_{浮}}$。由此还能推理出，将物体提出水面的过程中，随着浮力的逐渐变小，滑轮组机械效率逐渐变大，等全部露出水面后又保持不变。

如果你觉得物体"入水"只是把原来的 G 替换成了 $G-F_{浮}$，并没有什么大不了，就再来挑战一下滑轮组"躺平"时的情景，如图 18-3 所示。与提升重物相比，滑轮组"躺平"后带了一个"好消息"，也发生了一个重要的变化。

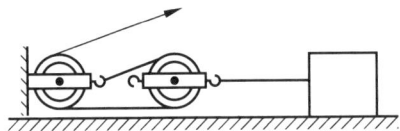

图 18-3

好消息是不需要克服动滑轮自重做额外功了,变化是有用功不再是克服物重所做的功,而是克服物体所受地面的摩擦力所做的功,即 $W_{有用} = fL$,L 为物体在水平面上移动的距离。这时计算滑轮组机械效率的公式也就相应变成了 $\eta = \dfrac{W_{有用}}{W_{总}} = \dfrac{fL}{Fs} = \dfrac{f}{nF}$。

如果你觉得物体"入水"与"躺平"还不够刺激,可以继续升级难度,将杠杆、斜面与滑轮组结合起来,如图 18-4、图 18-5 所示。

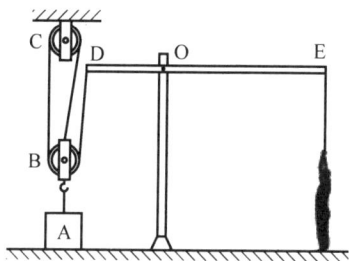

图 18-4

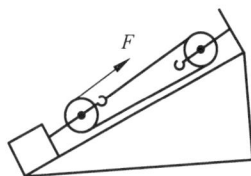

图 18-5

由此来看,在力学中虽然滑轮组算不上最重要的知识,但却是一个很好的载体。命题者以滑轮组为"战场"对力学中各个知识点"排兵布阵",而解题者以各路公式为武器"斩将夺旗"。虽然没有刀光剑影血流成河,但也需以笔为矛冲锋陷阵。

这可真是一场大决战!

19 | 声音，让我欢喜也让我忧

有个成语叫"掩耳盗铃"，准确地说应该是"掩耳盗钟"。说的是一个盗贼想要偷一口青铜大钟却搬不动，想把钟敲碎了偷走又怕被人发现。后来，他想到一个自以为是的"妙计"：用布堵上耳朵后再砸钟。可是结果出乎他的意料，耳朵堵上并没有阻止住钟声传向远处，结果他还是被闻声而来的人抓住了。

提起这个故事，并不是想说盗贼有多么愚蠢，而是借此探寻其中的物理知识：钟被敲为什么会响？钟声是如何传向远方的？堵上耳朵为什么自己听到的钟声变小了？

这些问题我们一个一个地来看。

要想搞明白钟被敲后为什么会响，得弄清楚钟被敲后发生了什么变化。

振动！只是钟面的振动比较微小，肉眼不容易直接看到，但用手触摸还是能感觉到。鼓也是如此。鼓槌用力敲鼓，鼓声响起时，依稀可以看到鼓面振动。如果你提前往鼓面撒上一些小米，就会看到小米随着鼓声欢快地在鼓面上跳动。当然，小米并没有脚，它的跳动是鼓面振动弹起的——小米把鼓面的振动直观体现了出来。不止钟、鼓，其他物体发声时也正在振动。琴声瑟瑟，琴弦在振动；笛声悠悠，管内空气柱在振动；流水淙淙，水在振动。这真是凡有声响，必有振动，声是由振动产生的。

每天上学，你可以选择步行，但书包一定不能自己走路。考虑到钟、鼓、琴等发声体与我们的耳朵并非零距离，所以声音要进入耳朵还有一段路要走。那么声音从发声体到达人耳，是像人一样自己走过来的，还是像书包一样需要人背它过来？

研究表明，声的传播需要介质。介质相当于那个把书包从家里带到学校的人，固体、液体、气体都是声的介质。如果没有介质，声就像被施了定身法，不能移动分毫。就算有一天你有机会去广寒宫做客，嫦娥仙子为你抚琴一曲，你也无缘聆听仙乐，因为月球上没有空气，真空不能传声。

那么，如果有介质，声音也能传入耳中，人就一定能听到声音吗？未必。因为能否听到声音至少还需要考虑两个因素：发声体的振动频率和声的强弱。

频率表示发声体振动的快慢，等于振动次数与振动时间的比。频率的单位是赫兹，简称赫，用 Hz 表示。如果物体在 1 s 振动了 1 次，那么发声的频率就是 1 Hz。对于大多数人来说，能感知振动频率在 20～20 000 Hz 的声。振动频率低于 20 Hz 的声叫作次声，超过 20 000 Hz 的叫作超声。次声与超声人耳听不到，但一些动物可以。例如，狗能听到地壳振动产生的次声，所以地震前狗会狂吠不止；蝙蝠能发出也能听到超声，并且利用它发出的超声的反射来避开障碍和捕食。

表示声的强弱的单位是分贝，用 dB 表示。0 dB 是人的听觉下限，一般说话的声音大约是 60 dB。声在传播过程中还会不断地损失能量，所以你无论如何也听不到千里之外的隆隆炮声。

现在，你应该知道能听到声音是一件多么不容易的事！这样说来，我们应该珍惜听到的每一个声音。可事实并非如此，因为有些声音令人喜欢,有些声音让人厌烦。

人们把悦耳动听的声音叫作乐音,把刺耳难听的声音叫作噪声。乐音能使人忘却烦恼、放松心情;噪声却令人头痛头晕、心烦意乱。

乐音与噪声都是发声体振动产生的,为什么给人的感受却大相径庭呢? 根本原因是,乐音来自发声体有规律的振动,噪声来自发声体杂乱无章的振动。

小溪潺潺的流水声、黄鹂啾啾的鸣叫声、钢琴家弹奏出的乐曲、歌手唱出的天籁之音,这些乐音虽千差万别,却异曲同工,因为它们都是由三个要素组成的。这三个要素是音调、响度和音色,合称乐音三要素,分别表示声音的高低、大小和特色。

音乐是由一个个的乐音组合而成的。舒缓的音乐则能启发人的想象力,激发灵感的火花。

很多物理学家也是音乐发烧友,爱因斯坦就是其中的一员。当有人问起他是怎样取得那些伟大的科学成就的,他说:"我的科学成就很多是从音乐启发而来的。"再往前追溯,牛顿在谈到他发现的光的色散时说,最初他只描述了红、黄、绿、蓝和紫这 5 种色光,橙与靛是后来加上去的,这样做是想让色光的总数达到 7 种。因为他认为光和声音应该有相似的地方,色光的数目也应该和全音阶的 7 个音调相对应——这 7 个音调是"哆、来、咪、发、唆、拉、西"。事实也是如此! 这真是天才的想象加神奇的直觉!

假如现在你身边有一架钢琴,而你也瞬间有了弹奏一曲的冲动。可惜的是,你从来不曾弹过琴,结果大概率是一次翻车事故。因为你的手指在钢琴上随心所欲地狂按,虽然钢琴发出的每一个声音都是乐音,可是这些乐音连接在一起既无旋律也无节奏,并不能被称为音乐。这只是乱弹琴! 乱弹琴弹出的不是音乐,是什么?

是噪声。

不仅乱弹琴弹出的是噪声，优美的乐曲也能变成噪声。想一想你正在睡觉或看书写作业时，耳边突然传来响亮的音乐，这音乐惊醒了你的美梦，打扰了你的学习，你没有心情去欣赏，有的只是生气与烦恼。医学研究表明，强烈的噪声会使人头痛、脑胀、眩晕、失眠、记忆力和思考力衰退，严重时还能让人神志不清、精神恍惚，甚至引发生理疾病。

于是，为了健康，人们只有奋起抗争，拿起科学武器向噪声宣战。阻击噪声，有三个战场。

第一个战场在"声源处"。从声源处防止噪声产生是控制噪声的根本办法，如"禁止鸣笛"。如果声源处的噪声不可避免，那就退而求其次，想办法减弱它，如在教学楼里走路要"轻声慢步"。

第二个战场在"传播过程中"。生活中的噪声绝大多数是通过空气传播的，所以只要截断这条通道，也能达到控制噪声的目的。在公路两旁安装隔音板、关紧门窗都是在传播过程中减弱噪声。

最后一个战场在"人耳处"。当噪声吵得你心烦意乱，却又无法在声源处和传播过程中减弱时，捂紧耳朵、戴上防噪声耳机是最后的防备。

20 | 追寻光的足迹

　　雁过留声，人过留名，光到之处，立竿见影。影就是影子，影子的出现与光的直线传播有关。光沿直线传播，这是小学学过的知识。但是学了初中物理你就会知道"光沿直线传播"的说法并不准确，确切地说是"光在同种均匀介质中沿直线传播"。这句话隐隐约约地透露了两个非同寻常的信息：一是光在同种不均匀的介质中可能不沿直线传播；二是光到达物体的表面或两种介质的界面上时，传播方向或许会发生改变。

　　光在不均匀的介质中传播方向发生改变的例子也并不少见。在地球的周围有一层厚厚的大气层，离地面越高的地方空气越稀薄。太阳光穿过密度不均匀的大气层，传播方向会发生改变。例如，早起看到太阳刚露出地平线，其实真正的太阳还在地平线的下方；同样，傍晚看到太阳消失在山那边的瞬间，其实太阳已经提前沉到了地平线的下方。这样看来，如果大气层的密度是均匀的，我们每天看到的日出会更晚，日落会更早，结果是白天变短，黑夜变长。这真是有意思，不均匀的大气层竟然把白天"拉长"了。

　　光到达物体的表面又会发生什么现象呢？这要看物体是不是透明的。

　　如果物体是不透明的，光就无法穿越。像把一个乒乓球掷到墙上，球会被反弹回来一样，光照在不透明的物体上也有一部分光会被反射回来。之所以说是"一部分"，是因为还有一部分光会被物体吸收掉。反射与吸收哪些光取决于物体的颜色，牛顿通过实验指出白光是由红、橙、黄、绿、蓝、靛、紫七种色光混合而成的。当白光照到不透明的物体上，物体会把与它颜色相同的色光反射出去，把其他色光吸收。现在你可以回答那首歌曲的疑问了：花儿为什么这样红？物理给你的答案是：因为红花反射红光，吸收了其他色光。如果物体能反射各种色光，它就是白色的；如果把各种色光都吸收掉，就是黑色的。

光的反射并不是随心所欲的，会遵守光的反射定律。反射定律的内容在"05 学好物理的 7 种'武器'"一节里，忘记的话可以回头翻翻看。

光照到玻璃、水等透明物质上，也有一部分光被反射回去，另一部分则会进入透明物质中。当光与界面并不垂直时，光的传播方向还会发生偏折，这种现象叫作光的折射。光的折射也是有规可依的，在初中物理中会学到光的折射规律。光的折射规律的内容是：折射光线与入射光线、法线在同一个平面内；折射光线和入射光线分居在法线的两侧；光从空气中斜射入玻璃中或其他介质中时，折射角小于入射角；反之，光从玻璃或其他介质斜射入空气中时，折射角大于入射角；当光线垂直射向介质表面时，传播方向不改变。

光从一种介质斜射入另一种介质，传播方向一般会发生改变，这看似走了弯路，实则省了时间（因为光是"聪明"的，总是选择用时最短的路线）。"光"犹如此，人生亦是，当现实与梦想分隔两端，前进的脚步也需要根据实际调整方向。

根据光的反射定律，在入射角已知时，可以准确地知道反射角的大小,从而确定反射光线的路径;但在光发生折射时,就算入射角已知,也不能准确地确定折射角的大小,所以也就无法确定折射光线的位置。要想准确地画出折射光线,学了高中物理中的光的折射定律才能做到。

最后,再说一下"光路可逆"。就像你沿着某条路从家到了学校,也能再沿着这条路从学校返到家中一样,如果入射光线沿着原来反射(或折射)光线的路径射入,反射(或折射)光线也会沿着原来入射光线的路径射出,这就是光路的可逆性。光路可逆不仅适用于反射、折射,也适用于光的直线传播。

21 | 拨开凸透镜成像规律的迷雾

在初中物理中,光学部分有没有学好,凸透镜成像规律是一个试金石。

面对凸透镜成像规律,初学者往往有"剪不断,理还乱"的感觉,其实它并没有那么复杂。无非就是描述了当物体处在某个位置时,成像在哪里、是什么性质、有什么应用,归纳后如表 21-1 所示。

表　21-1

物距 u	像距 v	像的情况				应用
		放大或缩小	正立或倒立	虚像或实像	同侧或异侧	
$u>2f$	$f<v<2f$	缩小	倒立	实像	异侧	照相机
$u=2f$	$v=2f$	等大	倒立	实像	异侧	
$f<u<2f$	$v>2f$	放大	倒立	实像	异侧	投影仪
$u=f$		不成像				
$u<f$		放大	正立	虚像	同侧	放大镜

把表 21-1 中的内容画在图中,更加直观。如图 21-1 所示。

结合表 21-1 与图 21-1,我们还会发现一些隐藏在凸透镜成像规律中的秘密。

凸透镜的两侧各被两点分成了 3 个区域。两个点分别是焦点

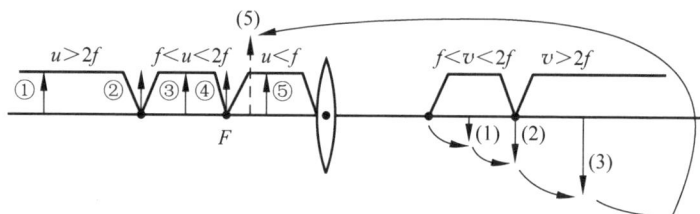

图 21-1

F 和 2 倍焦距处,3 个区域分别是 2 倍焦距以外、焦距和 2 倍焦距之间、焦点以内。

这是隐藏在凸透镜成像规律中的第一个秘密:两点分三区。

物体一侧的焦点是成实像与成虚像的分界点。物体通过凸透镜成实像还是虚像,取决于物体在焦点 F 以内还是以外。当物体在焦点以外,即物距大于焦距时,成倒立的实像,像与物体分别位于凸透镜的两侧;当物体在焦点以内,即物距小于焦距时,成正立的虚像,像和物体在凸透镜的同一侧。当物体恰好在焦点上,即物距等于焦距时,不成像。

物体一侧的 2 倍焦距处是成像缩小与放大的分界点。物体通过凸透镜成放大的像还是缩小的像,取决于物体在 2 倍焦距以内还是以外。当物体在 2 倍焦距以外,即物距大于 2 倍焦距时,成缩小的像;当物体在 2 倍焦距以内,即物距小于 2 倍焦距时,成放大的像。当物体恰好在 2 倍焦距处,即物距等于 2 倍焦距时,成等大的像。

综合来看,当物距大于 2 倍焦距时,当然也大于焦距,所以物体通过凸透镜成的像既是缩小的,又是倒立的实像,即成倒立、缩小的实像;当物距在焦距和 2 倍焦距之间时,物体在焦点以外,也在 2 倍焦距以内,成的像既是倒立的实像,又是放大的,所以此时物体通过凸透镜成倒立、放大的实像。当物距小于焦距时，同时也小于2倍焦距，成正立的虚像，像是放大的，所以此时物体通过凸透镜成正立、放大的虚像。

　　明白了物体在哪个区域成什么样的像，还不能算真正懂得了凸透镜成像规律，因为你只是记住了一些静止的画面。如果将图中物体位置的变化看作是物体奔向凸透镜的过程，就会得到一个富有韵律的动感视频。

　　试想有一个长跑运动员站在凸透镜一侧，当"他"距离凸透镜很远时，"他的像"在凸透镜另一侧焦点稍往外一点儿。突然，"他"提足向凸透镜飞奔，长路迢迢风尘仆仆地来到2倍焦距处，"他的像"却才移动了将近一个焦距的距离，到达凸透镜另一侧的2倍焦距处。因为在这个过程中"他的像"与"他"运动的时间相同，但"他"移动的距离远远大于"他的像"移动的距离，所以"他"运动的速度远远大于"他的像"运动的速度。在这个过程中，"他的像"越来越大，直到与"他"大小相等。

　　当"他"越过了2倍焦距处继续奔向凸透镜，"他的像"仿佛"开了挂"一样，不断提速从2倍焦距处朝着远离凸透镜的方向飞奔，并且越来越大。直到"他"到了焦点上，"他的像"像被施了隐身法，凭空消失。在这个过程，"他"只移动了一个焦距的长度，而"他的像"却移动了非常远的距离，"他"移动的速度变得小于"他的像"移动的速度。

　　当"他"到了焦点以内，在另一侧仍旧找不到"像"的踪迹。蓦然回首，"像"却站在了"他"的身后。当"他"靠近凸透镜，"他的像"也靠近凸透镜；当"他"远离凸透镜，"他的像"也远离凸透镜。

　　这说明什么？无论成实像还成虚像，无论像与物体在凸透镜的同侧还是异侧，像与物体的移动方向总是相同的。

这是隐藏在凸透镜成像规律中的第二个秘密：像物同向移。

搞清了像距随物距的变化而变化的规律，再来看看像的大小变化又与物距的变化有什么关系。当成实像时，物距变小，像变大；当成虚像时，物距变小，像变小。这样来看，成实像与成虚像时，像的大小变化随物距的变化恰好相反。但是，如果我们转换视角，把目光投在焦点上，就会发现，只要物体到焦点的距离变小了，不管这时成的是实像还是虚像，像都会变大。

这是隐藏在凸透镜成像规律中的第三个秘密：近焦像变大。

"物像同向移"和"近焦像变大"既适用于凸透镜成实像，也适用于成虚像，真可说是"虚实皆如此"。

于是，上面凑成了一首四句打油诗。

两点分三区，像物同向移。

近焦像变大，虚实皆如此。

短短四句，道尽了凸透镜成像的纷繁变化。

向凸透镜前行，物体用它的行动改变了它像的大小与倒正。作为万物之灵的我们，又怎么能原地踏步不思进取?! 如果把一个人的勤奋进取看作是物体不断靠近凸透镜的过程，那么他的成绩、自信以及在别人心中形象就是那个逐渐由小变大、由倒变正的像。

所以说：成绩差不要紧，只要肯努力，每天进步一点点，如同物体慢慢靠近凸透镜，在不知不觉中，像终会由小变大，由倒变正。

22 | 三步搞定物态变化

世界是由物质组成的,这是众所周知的事。但是,若继续问什么是物质,恐怕 99.9％的人会语焉不详。

的确,我们对物质认识最多还是眼睛所能见的一些表面现象。例如,物质存在的状态。固态、液态和气态是物质在自然界最常见的三种状态,俗称物质三态。除此以外,还有等离子体、液晶、超液体、超固体、玻色-爱因斯坦凝聚态等。

固态与液态,能亲眼看到。我国古代的"五行说"认为金、木、水、火、土组成了宇宙万物。仅从字面含义来说,金、木、土属于一类,它们都有着一定体积和形状,是固态。水是液态,有一定体积,却没有一定的形状,它的形状取决盛放它的容器的样子。火,却不是气态,是等离子体。

对我们来说,最熟悉的气体是空气(空气并不是一种气体,而是由氮气、氧气、二氧化碳等气体组成的混合气体)。但是,谁都没有亲眼见到过空气,因为组成空气的气体都是透明的。的确,生活中要想看到气体并不容易。烟虽然能被看到,却不是气体,烟其实是由一个个固体小颗粒聚集而成的。但是,你可以在物理课上看到气体,如紫色的碘蒸气。在化学课也能看到气体,例如,红棕色的二氧化氮、黄绿色的氯气、淡黄色的氟气等。

有的人沉稳,如固态;有的人洒脱,如液态;还有的人无拘无束,如气态。千人千面是因为心性不同,物质的形态多样则与它们的微观结构有关。

现代科学认为,物质是由分子组成的。分子很小,用分子的直径和铅笔的长度做对比,就好像用铅笔的长度和地球的直径做对比。换句话说,如果把分子的直径放大到一根铅笔那么长,那么等比例放大后的铅笔的长度大约等于地球的直径了。因为分子如此之小,所以在1滴水中就有10^{21}个分子,这些分子数目大约是全球人口数的2 000亿倍。

组成物质的各个分子间往往存在着力的作用。如果分子间作用力很大,每个分子就只能在原处轻微振动,就像体育课上的学生原地踏步能保持队形不变一样,这时物质也能保持一定体积和形状。从宏观上看,这时物质以固态的面目示人。如果分子作用力较小,分子可以在一个位置振动后再跑到下一个位置振动,就像齐步走时人与人的间距不变但走在直路上是直的、走在弯路上又变弯一样,这时物质虽然可以保持一定体积但形变却不固定。从宏观上看,这时物质处于液态。当"解散"命令下达后,每个学生可以随心所欲地走动,除非遇到围墙的阻隔,分子也是一样,如果分子之间作用力几乎为零,在宏观就是没有一定体积和形状的气态,它的体积与形状取决于装它的容器。

这真是细节决定成败,分子决定物态。

因为分子间作用力的大小与分子运动情况并不是一成不变的,所以物质的存在状态也应该能发生改变。"五行说"就认为:火克金,意思是金遇火能熔,金由固态变成了液态。这里透露了两个信息:一是物质能由一种状态变成另一种状态;二是物态变化与热量有关。

固态、液态和气态,这三种物态任意两种之间都可以发生互逆的变化,通过排列组合可以得到六种物态变化。

固态变成液态叫作熔化,需要吸收热量。

液态变成固态叫作凝固,需要放出热量。

液态变成气体叫作汽化,需要吸收热量。

气态变成液态叫作液化,需要放出热量。

固态直接变成气态叫作升华,需要吸收热量。

气态直接变成固态叫作凝华,需要放出热量。

如果把固、液、气三种物态比做三级台阶,那么熔化、汽化和升华就是"上台阶",凝固、液化和凝华就是"下台阶"。上台阶要吃饱了有气力才行,需要吸收热量;反之,下台阶会放出热量。如图 22-1 所示。

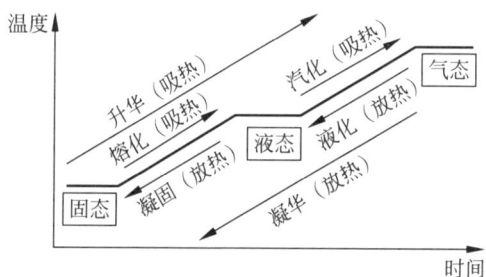

物质三态固液气,
相互转化六变化;
熔化汽化和升华,
凝固液化和凝华;
前三吸热后三放,
正好三对逆变化。

图　22-1

利用物态变化的吸热、放热可以做很多事,比如曾经风靡网络的 55℃杯,如图 22-2 所示。使用这种杯时,先把开水倒入杯中,摇上大约 1 分钟,水温就能降到 55℃左右;倒出温水,再往杯中加入冷水继续摇一会儿,冷水又会迅速变成温水。这种杯子之所以如此神奇是因为在它的夹层里有一种熔化温度大约在 55℃的物质,加入开水后,这种物质从开水中吸收热量发生熔化,开水放出热量,温度下降变成温水；加入冷水后,这种物质放出热量发生凝固,冷水吸收热量变成温水。

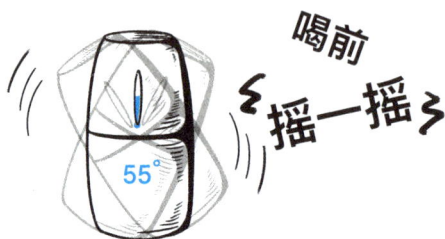

图 22-2

对于初中生来说,遇到最多的问题还是判断物态变化的种类。不过,你尽可放心。判断发生了何种物态变化并不复杂,只需三步就能搞定：

第一步：确定研究对象是谁；

第二步：判断发生物态变化前后研究对象分别处于什么状态；

第三步：确定发生了哪种物态变化。

以"蒹葭苍苍,白露为霜"为例。"露"就是露珠,大多出现秋天早晨的花草树叶上。露是液态,是物态变化发生后的状态；之前的树叶上并没有雪之类的固态水,所以它来源于空气中的水蒸气,水蒸气是气态,因此,露珠的形成是气态变成液态的过程。回忆六种物态变化,对号入座,可知发生了液化现象。"霜"发生在北方寒冷的冬天,附着于树叶、瓦片之上,是固态,也是物态变化发生后的状态。树叶、瓦片上出现霜以前,也没有液态水,所以霜也是由空气中的水蒸气变化而来的。由此可知,霜是水蒸气由气态直接变成固态形成的,属于凝华现象。

这样说来,霜并不是由白露凝固而成的。哈哈！诗意虽美,却不合物理。

23 | 比热容"王者归来"

假如你跟朋友约了一个饭局,他却不知道餐馆的位置。你可能会告诉他在"某某超市"向南 200 m。因为他知道这个超市,于是他也就知道了这家餐馆的位置。在这里,你用借助一个熟悉位置定义了一个陌生的位置。在物理中也有类似的做法,定义一个新的物理量往往需要"旧"的物理量来"帮忙"。例如,用路程与时间来定义速度,把物体通过的路程与时间之比叫作速度;再如,用质量和体积来定义密度,把质量与体积之比叫作组成这个物体的物质的密度。这都是采用了比值定义物理量的方法,叫作比值定义法。

比热容也用到了比值定义法,但是与速度、密度相比,比热容更难理解。如果说速度和密度是游戏段位中的"青铜",比热容器就是不折不扣的"王者",因为要定义比热容用到了三个物理量:热量、质量和温度的变化量。

那么,什么是比热容呢? 要了解这个问题,还得从头说起。

想一想,在炎炎烈日下,赤足走在水泥地面和水池里的感觉,一个如火烧,一个如冰镇。为什么水泥地面和水吸收太阳放出的热量后温度相差如此之大呢? 难道是因为水泥地和水不是同一种物质吗? 这是不是预示着不同物质的吸热能力不一样?

为了搞清楚这个问题，我们不妨设计一个实验，取两种不同的物质，如水和油，然后让它们吸收相同的热量，比较它们升高温度是否相同。问题是，怎样控制它们吸收相同的热量？

方法是，使用相同的热源加热相同的时间。例如，用同样的酒精灯或者"热得快"分别给水和油加热相同的时间。这样，可以用加热时间的长短表示物质吸收热量的多少。但是只控制它们吸收的热量相同还是不够的，因为物质吸热后升高温度的多少不仅与吸收热量的多少有关，还与质量有关。想一想，取两个相同的电热水壶，在一个壶中加入一壶水，在另一个壶中加入半壶水，再通电相同时间，在水沸腾前两壶水的温度肯定不一样。所以，还需要控制水和油的质量相等。

现在，让我们做一个梳理。这个实验的目的是研究物质的吸热能力是否与物质的种类有关，方法是通过比较不同物质吸收热量后升高的温度是否相同。因为物质吸收热量后升高的温度还与吸收热量的多少、质量的大小有关，所以应控制这两个因素相同。其中，吸收热量的多少是用加热时间控制的。

所以这个实验的自变量、因变量、控制变量分别如下：

自变量（改变谁）：物质的种类；

因变量（观察谁）：升高的温度；

控制变量（控制谁不变）：吸收的热量、质量。

这种研究问题的方法就是物理实验中经常用到的控制变量法。控制变量法并不只是存在于物理实验里，在生活中也处处可见。例如，期末考试时，使用同一套试卷答题相同时间，并且在判卷时使用相同的评分标准，这样得出的成绩才有可比性。简单地说，就是统一标准，禁止"双标"。

还有一个问题，如何通过实验数据判断不同物质的吸热能力的强弱？

依据是，在吸收的热量、质量相同时，升高的温度越小的物质，吸热能力越强；反之，升高的温度越大的物质，吸热能力越弱。为了更好地理解，将吸热能力比作人的饭量，让两个饥饿程度相同的人吃同样多的饭，结果一个饱了，另一个才半饱，这说明吃了半饱的人的饭量更大一些。再用粗细不同但高度相同的水杯来作类比，设想往这两个杯子里倒入相同多的水（水未溢出），结果是粗杯子里的水面低，细杯子里的水面高，这说明杯子越粗盛水的本领越强。

用比较升高温度的办法比较物质吸热能力得出的结论让我们有点不"舒服"，因为温度变化小的物质的吸热能力反而强。"小"与"强"相对应，多少还是有点别扭。那么，还有没有其他的分析思路呢？有，比如下面这种设计：

自变量：物质的种类；

因变量：吸收的热量；

控制变量：质量、升高的温度。

在这个方案中，质量相同的不同物质升高相同的温度，吸收的热量越多（表现为加热时间长），物质的吸热能力越强；反之，吸收热量越少的物质，吸热能力越弱。在这个方案中，"多"与"强"相对应，听起来舒服多了。这时，也可以用吃饭和杯子做类比。让两个饥饿程度相同的人都吃饱，一个人吃了一碗，另一个吃了两碗。毫无疑问，吃了两碗的人的饭量更大。将两个高度相同、粗细不同的两个空杯子都装满水，粗杯子能装更多的水，说明杯子越粗，盛水的能力越强。

通过以上的科学探究，我们确定了不同物质的吸热能力不同，却发现还没有一个物理量能够表示物质的这一性质。于是，我们不得不再"创造"一个新的物理量。这个物理量就是比热容,比热容表示物质的吸热能力。

比热容的定义是:一定质量的某种物质,在温度升高时吸收的热量与它的质量和升高的温度的乘积之比。

是不是感觉像是绕口令,如果你有这个想法,说明没有搞清这句话的层次。首先,这句话告诉我们,比热容是个"比",既然是"比",就得有前项和后项。然后找到这个"比"的前项是"热量",后项是一个"乘积"。最后,还要追根究底地知道"热量"是物体吸收的热量,"乘积"是物体的质量和升高的温度的乘积。这样一来,比热容的定义就在脑海中转换成了一个等式:比热容 = $\dfrac{吸收的热量}{物体的质量 \times 升高的温度}$。

在物理学中,比热容用 c 表示,吸收的热量用 $Q_{吸}$ 表示,质量用 m 表示,升高的温度等于物体的终末温度与初始温度之差,这两个温度分别用 t 和 t_0 表示。这样,就得到了比热容的公式:$c = \dfrac{Q_{吸}}{m(t-t_0)}$。将这个公式变形,可以得出吸热公式:$Q_{吸} = cm(t-t_0)$。

研究表示,质量相同的同一物质升高相同的温度时吸收的热量和降低相同的温度时放出的热量是相同的,这说明比热容也可以表示物质的放热能力。因为放热时,初始温度高于终末温度,所以比热容的公式就变成了 $c = \dfrac{Q_{放}}{m(t_0-t)}$。将这个公式变形,可以得出放热公式:$Q_{放} = cm(t_0-t)$。

仔细想想,$Q_{吸}$ 也好,$Q_{放}$ 也好,都是热量,可以统一用 Q 表示;$t-t_0$ 和 t_0-t 都是温度差,可以统一用 Δt 来表示。所以比热容的公式和吸、放热公式可以分别写作:$c = \dfrac{Q}{m\Delta t}$ 和 $Q = cm\Delta t$。

而这两个公式,原本也是一个公式。看懂了这一点,才不会迷失在公式的汪洋大海!

最后,再提醒一下,上述公式只适用于物体因为吸收或放出热量导致温度变化的情景,并且在温度变化前后,物质仍是同种状态,其间没有经历物态变化。比如,$-10℃$ 的冰变成 $0℃$ 的冰可以使用这一公式,$0℃$ 的水变成 $10℃$ 的水也可以使用这一公式,但是当 $-10℃$ 的冰变成 $10℃$ 的水就不能使用这一公式了。因为不仅冰和水的比热容不同,中间还经历一个 $0℃$ 的冰变成 $0℃$ 的水的熔化吸热过程。

24 | 灯泡与开关的"纵横捭阖"

如同水流动时会顺着河道一路向前,火车行驶时要沿着铁轨奔驰,电荷在流动过程中也有自己的路径。

电流的路径叫作电路。要想把自己的电学大厦搭建得牢稳,必须夯实电路这一地基。图 24-1 是最简单的电路,由电源、用电器、开关、导线四部分组成。

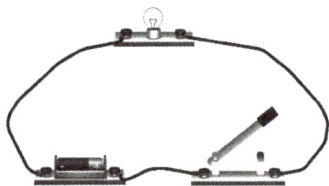

图　24-1

电源是提供电能的装置,干电池、蓄电池、发电机等都是电源。用电器是消耗电能的装置,灯泡是初中物理中一种常见的用电器,在后面的电路中出现最多的则是定值电阻。开关的作用是控制电路通断,有断开和闭合两种状态。导线是电流的通道。图 24-1 所示电路中,开关是断开状态,电路中没有电流,这种电路状态叫作断路。某处导线没有接牢或灯丝烧断也会导致断路。闭合开关,电路接通,这种电路状态叫作通路。通路时,用电器正常工作。但是如果不小心将导线直接接在电源两端,电流就会绕过灯泡直接从电源正极回到电源负极,这时电路叫作短路。当电源短路时,电路中的电流非常大,很容易损坏电源,甚至引起火灾,所以电源短路是严禁出现的。

要想用图示说明电路是如何连接的，原样不变地画出各个元件是不现实的，毕竟不是每个人都是绘画高手。于是，就有一种简便易行的表示电路连接的方法，即用图形符号来表示电路连接的电路图。例如，电源的符号是 ⊣⊢，长竖线表示正极、短竖线表示负极；灯泡、定值电阻、开关的符号分别是 ⊗、⊏▭⊐、⌐∕⌐ 。

知道电路元件符号还不够，在画电路图前还需要了解电路图的整体架构和元件的摆放位置。一般来说，不管实际电路的连线如何蜿蜒曲折，电路图的外观都画作矩形，并且元件一般不放在矩形的四个角上。再就是元件的分布要合理，就像教室的座位要整齐有序。如果把电源画在矩形下面的边上，最好把用电器画在上面的边上，当然也可以把它们的位置互换。至于开关，可画在用电器所在的那条边上，也可画在电源所在的那条边上，愿意画在两侧的竖线上也可以。图 24-2 就是图 24-1 实物图对应的电路图。

在实际电路中，往往有不止有一个用电器，可能有两个、三个甚至更多。"千里之行，始于足下"，还是要从最简单的两个用电器的连接说起。在初中物理中，绝大多数电路涉及两个用电器的连接。

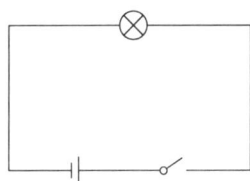

图　24-2

以两个灯泡接入同一个电路为例。两个灯泡可以像串糖葫芦一样串在一起，这是串联，如图 24-3 所示；也可以和排排坐吃果果的小朋友一样，这是并联，如图 24-4 所示。

在串联电路中，电流路径只有一条，各个用电器不能单独工作。这真是"一荣俱荣一损俱损"！在并联电路中，有干路和支路之分，像树有树干与树枝一样。"干"之不存，"枝"将焉附，所以干路

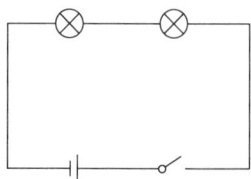

图　24-3

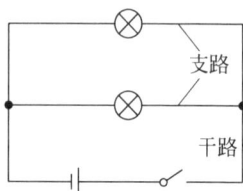

支路

干路

图　24-4

断路,各支路用电都不能工作;如果只是某个支路断路,该支路上用电器不能工作,但不影响其他支路上的用电器,因为各支路上用电器秉承着"独立自主互不干涉"的原则。

如果再加一个灯呢?受到上面的两种电路的启发,你一定能想到"三串"(图 24-5)和"三并"(图 24-6)这两种接法。除此之后,还可以把串联与并联组合起来,搞出新花样,如"先串后并"(图 24-7)和"先并后串"(图 24-8)。"先串后并"(图 24-7)可以表述为"灯 L_1 与 L_2 串联后,再与 L_3 并联";"先并后串"(图 24-8)可以表述为"灯 L_1 与 L_2 并联后,再与 L_3 串联"。这样的电路既有串联又有并联,叫作混联电路。

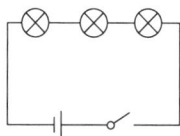

图　24-5

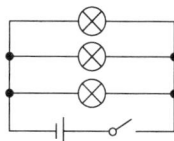

图　24-6

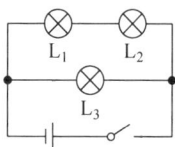

L_1　L_2

L_3

图　24-7

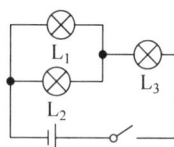

L_1

L_2

L_3

图　24-8

3 个用电器的混联在初中物理中已经算是电路连接的天花板了。至于将 4 个灯混联,在初中物理中则是"闻所未闻,见所未见",但只要耐下心来分析,也不算什么难事! 现代电子技术能将数千万个电子元件在一块 $0.25\ \mathrm{cm}^2$ 的单晶片上连接成集成电路,集成电路虽然更为复杂,但它也是由串联和并联这两种基本电路组合而成的。

在实际生活中,还常常需要用多个开关控制一盏灯,这就涉及开关的连接方式。如图 24-9 所示,两个开关串联后控制一盏灯;如图 24-10 所示,两个开关并联后控制一盏灯。

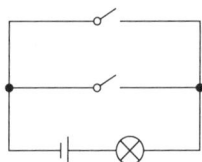

图　24-9　　　　　　　图　24-10

如果我们把每个开关看作一个条件,满足条件时相当于开关闭合,未满足条件时相当开关断开。在图 24-9 中,两个条件同时满足时,电路才能接通,相当于"既要……又要……";在图 24-10 中,任意满足一个条件时,电路都会接通,相当于"或者……或者……"。

如果再加一个开关,类比 3 盏灯的连接方式,也有四种接法(图 24-11～图 24-14)。

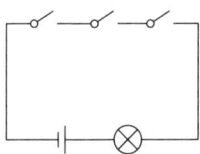
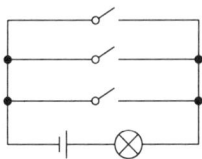

图　24-11　　　　　　　图　24-12

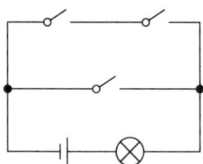
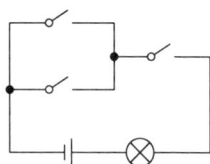

图 24-13   图 24-14

可不要认为这是无聊的游戏,因为说不定其中哪个电路就隐藏你的身边。例如,为了做好疫情防护,某医院要求进入医院要通过人脸识别测温一体机,可以实现扫健康码查验、口罩检测、体温检测自动报警功能,当出示的健康码为黄色或者红色时,开关 S_1 闭合,红灯亮起;未配戴口罩时,开关 S_2 闭合,红灯亮起;体温超过正常体温时,开关 S_3 闭合,红灯亮起。这 3 个开关互不影响,有一个闭合报警,红灯都会亮起,所以这 3 个开关是并联的,与图 24-12 相同。再如,小轿车上的仪表盘上有一个显示汽车车门关闭状况的指示灯,只要 4 个车门中有一个没关紧,指示灯就会发光提醒。如果把车门没有关紧看作开关断开,车门关紧看作开关闭合,那么这个电路中共有 4 个开关。这 4 个开关彼此影响,不能单独控制指示灯,所以这 4 个开关应该是串联的。这样来看,好像应该和图 24-11(或图 24-9)类似,开关的数量增加到 4 个就行了,画出的电路图如图 24-15 所示。

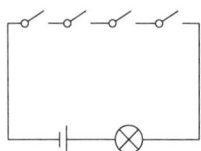

图 24-15

画好了图,并非万事大吉,还要检查一下画出的电路是否符合实际。分析发现,图 24-15 中,4 个开关任意一个断开,灯都不亮;都闭合时,灯才发光。这与已知的现象正好相反呀!看来这个电路的设计有问题。

开关与它控制的用电器串联,这是常规接法。按这种方式连接的电路,开关断开,用电器不工作;开关闭合,用电器工作。但是现在,按这种接法接好的电路发生的现象却与实际现象相反。那么,有没有可能这时开关与它控制的用电器是并联呢? 不妨试着画画,画好的电路图如 24-16 所示。在这一电路中,4 个开关串联后再与灯并联。这时,4 个开关中有任意一个断开,灯都会发光;只有 4 个开关全部闭合时,灯才因为被短路而不发光。看来这次设计的电路符合实际了。

　　但是,不要高兴得太早。虽然现象相符,但也出现了一个致命的问题:电源被短路了。这也是电路连接的大忌。

　　不过在高手的眼里,这都不算个事。加一个保护电阻就能轻松搞定,修改后的电路图如图 24-17 所示。这时,4 个开关都闭合后,只是灯泡被短路,电源并未短路。显然,这利用了局部短路设计电路。

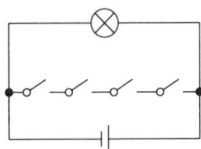 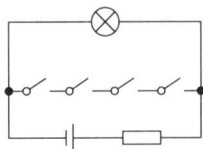

图 24-16　　　　　　　　　　图 24-17

　　看来电路短路也并非全无可取之处,只要利用得当,也能收到意想不到的效果。短路尚且如此,何况于人乎?

25 | 一首关于电流"成长"的诗

物理学家费曼认为,假如由于某种大灾难,人类累积的科学知识只能有一句话留给后人,这句话就是:所有的物体都是由原子构成的。

虽然世间万物都是由原子构成的,但从未有人用肉眼看到过原子,因为原子太小了。如果把原子放大到足球那么大,再用同倍数放大足球,这个足球会变得比地球还要大。

更不可思议的是,原子竟然不是最小的,它是由位于中心的原子核和四周绕核运动的电子组成的,犹如太阳周围的行星在不同的轨道上绕着太阳转动一样。电子之所以没有脱离原子核也像地球等行星受到了太阳的引力影响一样,受到了原子核的吸引。

原子的所有质量几乎都集中原子核上,但是这样一个小小的核的"个头"与原子比却是十分渺小。假如把原子放大到教室那么大,原子核看上去充其量像悬浮在教室中央的一粒细沙。但是,即便原子核如此之小,它还是可以再分的——由质子和中子组成。质子和中子看上去像是"双胞胎",质量、体积差不多,区别是每个质子带 1 个正电荷,而中子没有。带电的还有核外的电子,每个电子带 1 个负电荷。神奇的是,原子核中有多少个质子,核外就有多少个电子。这样的结果是,原子带的正、负电相互抵消了,整个原子不显示任何电性,看上去"岁月静好"。可是,平静的外表面下却是暗潮涌动。

那些离核越远的电子,受到原子核对它的吸引力越小。当这个吸引力足够小时,电子就有机会脱离了原子核的束缚获得自由,在各个原子核之间漫无目的地做"核"际旅行。这样的电子叫作自由电子,金属内部就有大量的自由电子,自由电子多的物质容易导电,是导体。另外还有一些导体容易导电,是因为有大量的正、负离子,比如酸、碱、盐的水溶液。自由电子和正、负离子都是自由电荷。

在大多数情况下,自由电荷像沙滩上散步的游客随意地走着,但有时这些自由电荷也会像游客一起朝着岸边跑去一样,做定向移动。一起向前岸边奔跑的游客形成了巨大的人流,自由电荷的定向移动又会形成什么呢?

电流!电荷的定向移动会形成电流。

游客向着岸边跑去,是因为海面上涌来了巨大的海浪。自由电荷又为什么做定向移动呢?

电压!电压相当于使电荷做定向移动的"推动力"。换句话说,电压是电流形成的原因。

但是,电流之路并不平坦。就像松软的沙滩延缓了游客奔跑的速度,各个游客还会相互碰撞,这些都是阻力;以金属导体为例,在导体内部,自由电子在导体内定向移动时,相邻的电子也会相互排斥,经过原子核时又受到吸引,所以自由电子在定向移动过程中也受到了阻力。在物理学中,我们将导体对电流的阻碍作用叫作电阻。

诗人汪国真说:"我不去想未来是平坦还是泥泞","既然选择了远方,便只顾风雨兼程"。电流也是如此!一路走来,在受到电压的"推力"时,也抵挡着来自电阻的"阻力"。

如果导体是个诗人,一定会为电流写下这样一首赞美诗。

我曾是一段躁动的导体
大量自由电荷像分泌过盛的荷尔蒙
那些堆积在心里的年少轻狂
运动无序,没有目的

若不是开关闭合
若不是电压唤醒了我的沉沦
青春又怎会告别迷茫
散漫的自由电荷又怎会定向走起

可我是如此地矛盾
一边赞美电流如大江东去
一边却又本能地抗拒
不想让电流走得一帆风顺

电压无言,若严师诤友
我却恶作剧般地把阻碍作用增大了 N 倍
于是电流像个委屈的孩子
瞬间变成了原来的 N 分之一

当知错的我保持沉默
施加在我身体两端的电压增大
我感受到了电流开始激越飞扬
和电压一样变成了原来的 N 倍

有人说,电压、电阻、电流

是电学里的黄金三角,熠熠生辉

其实这是一首关于电流成长的诗

情仇爱恨在 1826 年欧姆剧本中已倾情演绎

这个世界,亦复如是

前行的脚步虽然坚定也时有疲惫

至于那些挥之不去的压力

不止让人崩溃也能催人奋进

（注：这首小诗名为《欧姆定律是一首关于电流成长的诗》,作者：孙恒芳 张虎岗）

　　在这首诗中,我们看到了电流与电压、电阻之间错综复杂的关系,可是在物理学家的眼里,它们之间的关系却非常清晰,用三言两语甚至一个公式就能说得明明白白,这就是欧姆定律。

26 | 欧姆定律的"前世今生"

欧姆定律是电学中的一个重要定律,也是初中电学的第一个"高潮",它把电流、电压、电阻"汇聚一堂",简明扼要地说出电流与电压、电阻的关系。对于欧姆定律,我们不仅要关注定律内容,更要知道定律的由来。

欧姆定律是一个由实验得出的定律,想要了解欧姆定律的"前世",就不得不提到两个探究实验:探究电流跟电压的关系;探究电流跟电阻的关系。

首先,说一说探究电流跟电压关系的实验。

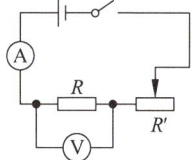

图 26-1

因为猜想电流不仅与电压有关,还与电阻有关,所以在探究电流与电压的关系时,要控制导体的电阻不变,改变导体两端的电压大小。这是用到了控制变量法,电路图如图 26-1 所示。

图中的 Ⓐ 表示电流表,Ⓥ 表示电压表,分别是测量电流、电压的仪器。滑动变阻器 R' 可以通过移动滑片改变它连入电路中的电阻值。实验时,通过移动滑动变阻器滑片位置可以改变定值电阻 R 两端的电压。

在保持电阻一定的情况下,多次改变滑动变阻器滑片的位置,

读取电压表与电流表示数,得到了 3 组定值电阻 R 两端的电压值
与对应的通过它的电流值,如表 26-1 所示。

表 26-1

实验次数	1	2	3
电压 U/V	1.5	2.0	2.5
电流 I/A	0.3	0.4	0.5

下面要做的就是让实验数据"说话"。由 3 次实验数据可知,
随着电压的变化,电流值也发生了改变。因为 3 次实验中使用的
是同一个定值电阻,所以我们可以得出一个初步的结论:电流与电
压有关。

但是这个太笼统了,因为 3 次电压值依次增大,对应的电流值也
是依次增大。所以,一个更明确的结论就出现了:在电阻一定时,电
压越大,电流越大,或者在电阻一定时,电流随电压的增大而增大。

但是这个结论还不够准确,因为从表 26-1 中的数据还可以看
出,电压增大几倍,电流也增大几倍,或者每组对应的电压与电流
之比是恒定的。这说明什么? 在电阻一定时,电流与电压成正比。

电阻、电流与电压是相对于同一个导体或同一段电路而言的,
所以这个结论说得更完整一些,应该是:"在导体的电阻一定时,导
体中的电流跟导体两端电压成正比"。

同样,在探究电流与电阻的关系时,要控制导体两端电压不
变,改变电阻的大小。某次实验得出数据,如表 26-2 所示。

表 26-2

实验次数	1	2	3
电阻 R/Ω	5	10	15
电流 I/A	0.6	0.3	0.2

从表 26-2 可以看出,电阻改变时电流也发生变化,即电流与电阻有关。

进一步比较发现,随着电阻的增大,电流越来越小。因为控制了导体两端电压不变,所以可以得出"在电压一定时,电阻越大,电流越小"或"在电压一定时,电流随电阻的增大而减小"的结论。

再通过计算还可以知道,电阻变成原来的几倍,电流就变得成原来的几分之一;或者发现电流与电阻的乘积是恒定的。这就得出了更准确的结论:"在电压一定时,电流与电阻成反比"。把这个结论描述的更准确一些就是:"在导体两端电压一定时,导体中的电流跟导体的电阻成反比"。

当通过探究分别得出电流与电压、电阻的关系后,欧姆定律也将应运而生了。但是在此之前,我们不妨回顾一下在探究实验中如何根据实验数据归纳出结论。

在"04'吃鱼'里的科学探究"一节中,我们知道了如何应用控制变量法探究多变量问题。例如,Y 可能与 X_1、X_2 有关,则在探究 Y 与 X_1 的关系时,要保持 X_2 不变,改变 X_1,观察 Y 的变化情况。

在"23 比热容'王者归来'"一节中,我们还知道了研究多变量问题时,要先弄明白自变量、因变量和控制变量分别是谁。在这一节,接着说一下如何通过分析实验数据得出结论。

在初中物理中,根据实验现象或数据得出的结论从笼统到精准有以下 3 个层次:

第 1 层次:Y 与 X_1 有关(或无关)。

例如,导体的电阻与它的材料有关,滑动摩擦力大小与接触面积无关等。

第 2 层次:在 X_2 一定时,X_1 越大,Y 越大(或越小),或在 X_2

一定时,Y 随 X_1 的增大而增大(或减小)。

例如,在压力大小一定时,受力面积越小,压力的作用效果越明显;在接触面粗糙程度一定时,压力越大,滑动摩擦力越大(或"在接触面粗糙程度一定时,滑动摩擦力随压力的增大而增大")。初中物理探究实验结论大多集中在这一层次。

第3层次:在 X_2 一定时,Y 与 X_1 成正比(或反比)。

显然,探究电流与电压、电阻的关系最终得出的是第3层次的结论,在初中物理探究实验中,精准到第3层次的实验结论并不多。

现在让我们再回到这两个结论上来。

结论1:在导体的电阻一定时,导体中的电流跟导体两端电压成正比。

结论2:在导体两端电压一定时,导体中的电流跟导体的电阻成反比。

将这两个结论合而为一,就得出了下面的表述:

导体中的电流跟导体两端电压成正比,跟导体的电阻成反比。

这就是著名的欧姆定律,是德国物理学家欧姆在1826年通过实验得出的。

欧姆定律的表达式为 $I=\dfrac{U}{R}$。其中 U 表示电压,单位是伏特,简称伏,符号是 V;R 表示电阻,单位是欧姆,简称欧,符号是 Ω;I 表示电流,单位是安培,简称安,符号是 A。

将 $I=\dfrac{U}{R}$ 变形,可以得出两个变形公式:$U=IR$ 和 $R=\dfrac{U}{I}$。如图 26-2 所示。

$U=IR$ 表示导体两端的电压等于通过它的电流与其电阻的乘

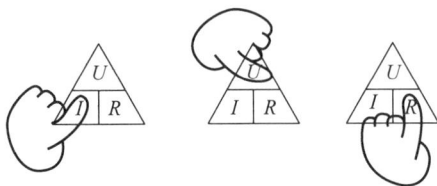

图 26-2

积,利用这个公式能在已知导体中的电流电阻时求出导体两端的电压。

$R=\dfrac{U}{I}$ 表示导体的电阻在数值上等于加在它两端的电压与通过它的电流的比值,利用这个公式可以求出未知电阻的阻值。但是需要明确的是,这个公式并不能说明 R 与 U 成正比,与 I 成反比。因为电阻是导体本身的一种性质,只与它的材料、长度和横截面积有关,与它两端的电压、通过它的电流无关。

最后,还要知道欧姆定律表达式中 I、U、R 3 个物理量必须是对应于同一段导体(或同一段电路)的同一个时刻的电流、电压和电阻,也就是说,欧姆定律具有同体性和同时性,在应用公式进行分析或计算时,不可将不同导体或同一导体不同时刻的 I、U、R 代入同一个公式中。

27 | 电学里的"六脉神剑"

欧姆定律是分析、解决电路问题的"神兵",在简单电路(电路中只有一个用电器)里自然是所向无敌。但是,在遇到串联电路、并联电路时,就力不从心了,毕竟"双拳难敌四手,好汉架不住人多"。

俗话说:"一个篱笆三个桩,一个好汉三个帮。"面对串联电路,欧姆定律这"一个好汉"需要的三个"帮手"是串联电路的电流、电压和电阻特点;面对并联电路,需要的是并联电路的电流、电压和电阻的规律这三个"帮手"了。

两种电路,每种电路各有三条规律,合起来就是六条规律了。我们不妨把这六条规律统称为六脉神剑。因为在金庸武侠世界里,大理段誉凭借着六脉神剑独步江湖;在电学的世界里,这六条规律也是纵横串、并联电路至关重要的绝世神功。

因为在初中物理中大多涉及两个电阻的串联或并联,所以下面就以 R_1、R_2 串联或并联为例。

第一剑:串联电路的电流规律。

(1)定量关系:串联电路中电流处处相等,即 $I = I_1 = I_2$。

(2)注意问题:若几个电阻串联,无论它们的阻值是否相等,通过它们电流总是相等的。

第二剑：并联电路的电流规律。

（1）定量关系：并联电路中，干路电流等于各支路电流之和，即 $I=I_1+I_2$。

（2）注意问题：各支路电路电流不一定相等。只有 $R_1=R_2$ 时，才有 $I_1=I_2$。

第三剑：串联电路的电压规律。

（1）定量关系：串联电路两端的总电压等于各部分电路两端电压之和，即 $U=U_1+U_2$。

（2）注意问题：各部分电路两端电压不一定相等。只有 $R_1=R_2$ 时，才有 $U_1=U_2$。

第四剑：并联电路的电压规律。

（1）定量关系：并联电路各支路两端电压相等，即 $U_1=U_2$。

（2）注意问题：若几个电阻并联在一起时，无论它们的电阻大小是否相等，它们两端的电压总是相等的。

第五剑：串联电阻的规律。

（1）定量关系：串联电路中总电阻等于各串联电阻之和，即 $R=R_1+R_2$。

（2）定性理解：几个电阻串联在一起，相当于增加了电阻的长度，所以串联电路的总电阻的值比任何一个串联电阻的值都要大。

第六剑：并联电阻的规律。

（1）定量关系：并联电路中总电阻的倒数等于各支路电阻倒数之和，即 $\dfrac{1}{R}=\dfrac{1}{R_1}+\dfrac{1}{R_2}$。

（2）定性理解：几个电阻并联在一起，相当于增加了电阻的横截面积，所以并联电路的总电阻的值比任何一个支路电阻的值都要小。

看完这六条规律，你可能觉得"神功虽好，练成不易"。可是，要想踏足初中物理电路江湖不被 KO，前四剑是保命的基本功，必须学好，至于第五剑和第六剑可以根据个人悟性进行选练，练成固然好，练不成也不必自责。何况，下面还为你提供了这套秘籍的精简版，方便携带，可随时查看。如表 27-1 所示。

表　27-1

	串联电路	并联电路
电路图		
电流特点	各处电流都相等 $I=I_1=I_2$	干路中电流等于各支路电流之和 $I=I_1+I_2$
电压特点	总电压等于各部分电路的电压之和 $U=U_1+U_2$	各支路两端电压都相等 $U_1=U_2$
电阻特点	总电阻等于各串联电阻之和 $R=R_1+R_2$	总电阻的倒数等于各支路电阻的倒数之和 $\dfrac{1}{R}=\dfrac{1}{R_1}+\dfrac{1}{R_2}$

将欧姆定律与串联电路的电流规律组合，还有意外惊喜。在串联电路中，$U_1=I_1R_1$，$U_2=I_2R_2$。因为 $I_1=I_2$，所以 $\dfrac{U_1}{U_2}=\dfrac{R_1}{R_2}$，即串联电路中，各串联导体两端电压与电阻成正比。

同样，将欧姆定律与并联电路的电压规律组合，也有新发现。在并联电路中，$U_1=I_1R_1$，$U_2=I_2R_2$，因为 $U_1=U_2$，所以 $\dfrac{I_1}{I_2}=\dfrac{R_2}{R_1}$，即并联电路中，各支路中的电流与电阻成反比。

应用这两个比例关系,在解题时可以"直捣黄龙",省却很多推导运算。

这真是:六脉神剑遇欧姆,两个比例看电阻。

28 | 电路现形记

虽然说初中物理接触的电路大多是两个电阻的串联或并联，听上去并不复杂。但是如果电路的形状"不走寻常路"，再加上电压表、电流表穿插其中，要想让电路现出原形，也非易事。

例如，将下面两种电路放在你的面前，图 28-1 所示电路连接情况一目了然：开关 S 闭合后，R_1 与 R_2 并联，电压表测电源电压（也就是 R_1、R_2 两端电压），电流表 A_2 测干路中的电流，A_1 测通过 R_2 的支路电流。

图 28-2 就有点让人捉摸不透了。第一眼看上去好像是 R_1、R_2 串联，但是 3 个电表的测量对象却不容易判断。

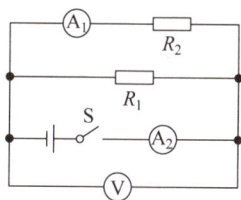

图　28-1

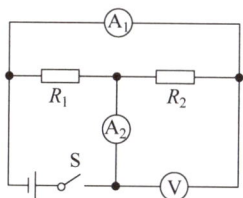

图　28-2

其实，这两个图中电路连接情况是完全一样的。区别在于图 28-1 是规范电路，图 28-2 是不规范的异形电路。将图 28-2 整理之后即可得到图 28-1 所示等效电路。

图 28-1 的等效电路图的形成要经过三个步骤。

第一步：判断电路连接方式。

将图 28-2 中电压表与电流表都拆除，电流表拆除后断开的"缺口"用导线连接，电压表拆除后断开的"缺口"不补，并将连接电压表的导线拆除到相连的接点，如图 28-3 所示。

现在可以看出，R_1、R_2 是并联的，对应的规范电路图如图 28-4 所示。

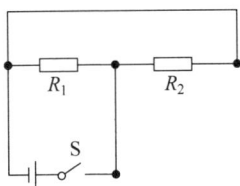

图 28-3

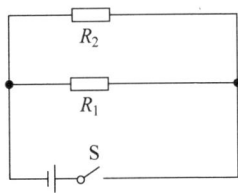

图 28-4

第二步：判断电表测量对象。

（1）判断电压表的测量对象。

把电压表"还原"，并拆除电源，如图 28-5 所示。电压表能与哪个电阻或哪段电路"画个圈"，电压表测的就是哪个电阻或哪段电路两端的电压。需要注意的是，一个圈中只能有一个电压表。按照这种方法分析，在图 28-5 所示的电路中，电压表和 R_1 连接成一个圈，如图 28-6 所示，说明电压表测 R_1 两端电压；电压表也能和 R_2 连接成一个圈，如图 28-7 所示，说明电压表也测 R_2 两端电压。

这说明电压表既测 R_1 两端电压，又测 R_2 两端电压。这很正常，因为 R_1、R_2 并联并在电源两端。所以开关闭合后，电压表测量的还是电源电压。

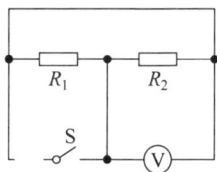

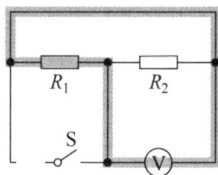

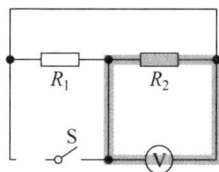

图 28-5   图 28-6   图 28-7

（2）判断电流表的测量对象。

先把电流表还原，如图 28-8 所示。再去掉某个电流表并保留"缺口"，如果哪个电阻断路，该电流表就与这个电阻串联，即测通过它的电流。按照这个方法，要判断电流表 A_1 测何处电流，就把 A_1 去掉，如图 28-9 所示，发现 R_1 通路，R_2 断路，说明电流表 A_1 与 R_2 串联，测 R_2 所在支路的电流。要判断电流表 A_2 测何处电流，就把 A_2 去掉，如图 28-10 所示，发现 R_1、R_2 都断路，说明电流表 A_2 在干路中，测干路电流。

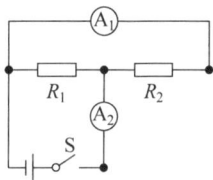

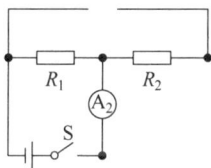

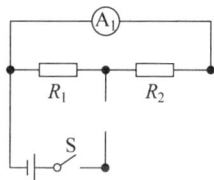

图 28-8   图 28-9   图 28-10

第三步：画出等效电路图。

综合第二步的分析可知，电压表测电源电压，电流表 A_1 在 R_2 支路上，A_2 在干路中，把电压表、电流表分别添加到图 28-4 中，得出图 28-2 的等效电路图，即图 28-1。

再举一例，如图 28-11 所示。

第一步，判断电路连接方式。

将图 28-11 中的电表拆除后，如图 28-12 所示。很明显，R_1、R_2 串联；再将其整理成规范电路图，如图 28-13 所示。

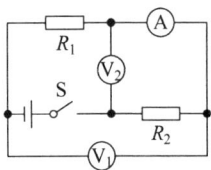

图 28-11

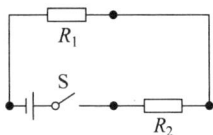

图 28-12

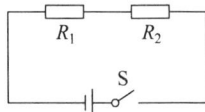

图 28-13

第二步，判断电表的作用。

(1) 判断电压表的测量对象。

把图 28-11 所示电路的电源拆除后，再分别将电压表 V_1、V_2 与电阻画出一个圈，如图 28-14、图 28-15 所示。由此可知，电压表 V_1 测 R_1 两端电压，电压表 V_2 测 R_2 两端电压。

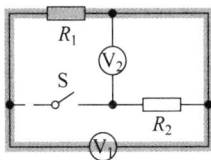

图 28-14

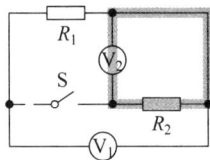

图 28-15

(2) 判断电流表测何处电流。

在图 28-12 中电流表原来的位置画出"缺口"，如图 28-16 所示，发现 R_1、R_2 均断路，则电流表测通过 R_1、R_2 的电流。

第三步：画出等效电路图。

将电压表与电流表添加到图 28-13 所示电路的相应位置，得出图 28-11 的等效电路图，如图 28-17 所示。

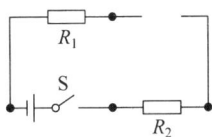

图 28-16

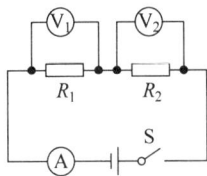

图 28-17

看到这里,你或许产生了两个疑问,也可能发现还有两次判断是多余的。

两个疑问是:为什么电压表和哪个电阻画个圈,就测哪个电阻两端的电压?为什么将电流表拆除,哪段电路断开,就测哪里的电流?

这与电表的连接情况有关。电压表与被测电路并联在电路两点间,因此拆除电源后会与并联的部分形成一个"闭环"。电流表与被测电路串联,所以拆除电流表后,与它串联的电阻中也会断路。

两次多余的判断是:在并联电路中判断电压表的测量对象,在串联电流中判断电流表的测量对象。

之所以说这两次判断是多余的,是因为在并联电路中,电压表与其一个电阻并联,也一定与另一个电阻并联,各支路两端电压又等于电源电压,所以电压表测量的一定是电源电压。在串联电路中,电流只有一条路径,且各处电流都相等,所以电流表测量的一定是通过各串联电阻的电流,且示数一定相同。这样看来,一旦确定是并联电路后可以"跳过"对电压表测量对象的判断,确定是串联电路后可以"跳过"对电流表测量何处电流的判断。

如果你看懂了上面的讲解,恭喜你已经晋级为电路分析的"高手"了。但是也别骄傲,因为实际遇到的电路可能更为复杂,不仅

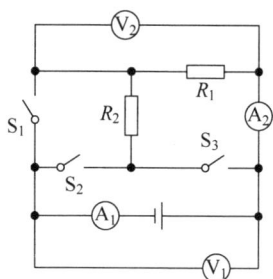

图 28-18

有电压表、电流表,还会出现多个开关,如图 28-18 所示。

遇到这样的问题也不要慌。先根据题中所述开关的通、断情况,去掉断路部分或短路部分,再进行简化即可。

图 28-18 中开关通断有以下情况。

(1)开关 S_1、S_2、S_3 都断开时,定值电阻 R_1、R_2 都断路,电压表 V_1 与电流表 A_1 串联后接入电路,如图 28-19 所示。此时电压表 V_1 有示数且接近电源电压,电流表 A_1 示数几乎为 0。

(2)只闭合开关 S_1 时,只有定值电阻 R_1 接入电路,如图 28-20 所示。此时电流表 A_1、A_2 测通过 R_1 的电流,电压表 V_1、V_2 测 R_1 两端电压,即电源电压。

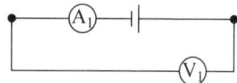

图 28-19

(3)只闭合开关 S_2 时,定值电阻 R_1、R_2 串联接入电路,如图 28-21 所示。此时电压表 V_1 测电源电压,V_2 测 R_1 两端电压,电流表 A_1、A_2 测电路中电流。

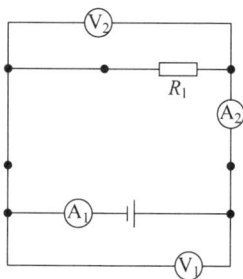

图 28-20

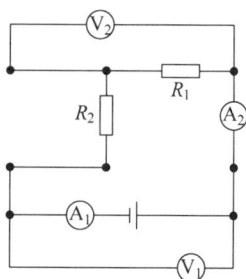

图 28-21

（4）只闭合开关 S_3 时，定值电阻 R_1、R_2 都断路，电路连接与图 28-19 所示相同。

（5）闭合开关 S_1、S_2，断开 S_3 时，定值电阻 R_2 被短路，只有 R_1 接入电路，电路连接与图 28-20 所示相同。

（6）闭合开关 S_1、S_3，断开 S_2 时，R_1、R_2 并联，如图 28-22 所示。此时电压表 V_1、V_2 测电源电压，电流表 A_1 测干路电流，A_2 测 R_1 支路电流。

（7）闭合开关 S_2、S_3，断开 S_1 时，电源短路，如图 28-23 所示。此时电流表会被烧毁。所以，不能同时闭合开关 S_2、S_3。

（8）同时闭合开关 S_1、S_2、S_3 时，电源仍旧短路，与图 28-23 所示相同。

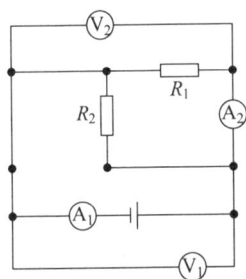

图 28-22

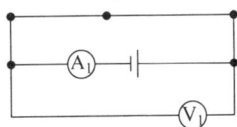

图 28-23

看到这里，如果你依旧"气定神闲"，说明你已经为纵横电路打下了坚实的基本功。

为什么说是"基本功"？

因为要想搞定初中电学，还得把串联和并联电路的电流、电压、电阻的规律时刻记在心头，能将欧姆定律、电功率、焦耳定律等公式运用自如。

29 | 电功率四式

在现代生活中，电能是使用最普遍的能量。无论是使用电灯照明、电脑上网、电话聊天、电热器取暖、电风扇降温，还是使用电饭锅做饭、电热壶烧水、电冰箱保鲜食物，这些家用电器在工作时都要消耗电能，并将电能转化为其他形式的能。

家用电器大致可分为 4 类。

照明类：包括各种电灯，工作时主要把电能转化为光能。

电热类：如电热器、电烙铁等，工作时主要把电能转化为内能。

电动类：如电动机，工作时主要把电能转化为机械能。

信息类：如电视机、收音机、手机，工作时主要把电能转化为光能、声能等。

在物理学中，有多少电能转化为其他能量的能，我们就说电流做了多少功。电流所做的功叫作电功。电功用 W 表示，单位是焦耳，简称焦，符号是 J。

同机械做功一样，电流做功也是有快有慢的，电流做功的快慢用电功率表示。电功与通电时间之比叫作电功率。电功率用 P 表示，单位是瓦特，简称瓦，符号是 W。

虽然电功与电功率的含义截然不同，一个表示消耗电能的多少，一个表示消耗电能的快慢。但是，生活中却常常将电功与电功率混淆。设想超市里有这样一个画面：一位顾客搬着一台微波炉想要退货。顾客气愤地对售货员说，昨天你说这款微波炉很省电，用它加热食品花不了多少电费。可是我一使用，家里电表的转盘就嗖嗖地转起来。这真是鸡同鸭讲，因为售货员说的是电功，顾客说的却是电功率。

在生活中，购买家电时，电功率是一个重要参考指标。

在初中物理中，电功率是电学的重点和难点，往往在中考物理试卷中承担着电学压轴题的重任。因此，如何准确、高效地计算电功率显得尤为重要。而要想迅速地解答电功率问题，就必须掌握计算电功率的四个公式。

（1）$P = \dfrac{W}{t}$。

这是电功率的定义式，和机械功的功率的定义式相同。

（2）$P = UI$。

这是电功率的决定式，即用电器的电功率的大小取决于其两端的电压与通过它的电流之积。

（3）$P = I^2 R$。

这个公式适用于纯电阻电路（将电能全部转化为内能，如白炽灯、电热器等）中电功率的计算和非纯电阻电路（电能不仅转化为内能，更多地转化为其他形式的能，如机械能）中热损功率的计算。在电动机工作的电路中，电动机的功率等于它做机械功的功率和热损功率之和。因为在串联电路电流处处相等，所以当电阻 R_1、R_2 串联时，电功率与电阻成正比，即 $\dfrac{P_1}{P_2} = \dfrac{R_1}{R_2}$。

（4）$P = \dfrac{U^2}{R}$。

这个公式适用于纯电阻电路，不适用于非纯电阻电路。若已知白炽灯、电热器的额定电压与额定功率（或实际电压与实际功率），将该公式变形为 $R=\dfrac{U^2}{P}$ 可求出其电阻值。因为在并联电路中各支路两端电压相等，所以当电阻 R_1、R_2 并联时，电功率与电阻成反比，即 $\dfrac{P_1}{P_2}=\dfrac{R_2}{R_1}$。

由 $P=I^2R$ 可得，电功率与电阻成正比；由 $P=\dfrac{U^2}{R}$ 可得，电功率与电阻成反比。电功率怎么会与电阻既成正比，又成反比？为什么会有这两种相互矛盾的说法呢？

如果你够仔细，一定会发现端倪——这两个结论的前提条件不同。

"电功率与电阻成正比"的前提条件是"在电流相等时"；而"电功率与电阻成反比"的条件是"在电压相等时"。

这说明什么？

说明每一条规律都有成立的条件，使用时要注意其适用范围。例如，在初中物理中，牛顿第一定律适用于物体不受力或受平衡力时，不适用物体受非平衡力时；欧姆定律适用于金属和碳导电，部分适用于酸、碱、盐水溶液导电，不适用气体导电。

孔子说他"七十从心所欲不逾矩"，应用物理公式分析问题的最高境界大约也是如此。"熟练、灵活地应用公式"是"从心所欲"，"在公式的适用范围内使用"是"不逾矩"。万物一理，世界上没有绝对的自由，只有每个人都遵守规则，才能享受最大的自由。

30 | 焦耳定律

手机使用时间长了,摸上去后壳会发热;树木被雷击中后,往往有被烧焦的痕迹;也时有新闻报道,电动车在家充电引起火灾。追根究底,这些现象的原因都可以归结一个:电流的热效应,即电流通过导体时会放出热量。在这个过程中,电能转化为内能。

那么,电流产生的热量多少与什么因素有关呢?

焦耳定律给了我们答案。定律的内容是:电流通过导体产生的热量,跟电流的二次方成正比,跟导体的电阻成正比,跟通电时间成正比。在物理中,用 Q 表示电流通过导体产生的热量,用 I 表示通过导体的电流,用 R 表示导体的电阻,用 t 表示通电时间,所以焦耳定律的表达式为 $Q=I^2Rt$。

顾名思义,焦耳定律是焦耳研究发现的。

用现在的话来说,焦耳是一个"富二代",他的父亲是英国的啤酒制造商,但焦耳却不爱金钱爱科研。19 岁时,焦耳就开始独立进行科学研究。他自己在家里建造了一座实验室,在那里做了许多重要实验,可以说他一生的大部分时间都是在这座实验室中度过的。

1840 年,焦耳设计一个实验来探究电与热之间的规律。他把环形线圈放入装水的试管内,不断改变电路中的电流和电阻,测量相应的水温细微变化。他曾在论文中详细介绍了他的实验：

"为了确定一已知金属导线的发热本领，我将该导线通过一个薄玻璃管，然后把它们紧密盘旋于管上，再将这样形式的线圈的两端分开，使两回旋之间可留少许空间。如果这样不太好做，那就在两回旋之间夹入一段棉绳。把这样准备好了的仪器放入一个装有已知数量的水的玻璃瓶，就可以开始做实验了。"

如图 30-1 所示，是焦耳在做实验。

图　30-1

1840 年 12 月，他在英国皇家学会上宣告了他的这一重大发现。

可惜，他的论文并没有引起应有的重视。一方面，是因为焦耳只是一个酿酒技师，没有专门从事科学工作；另一方面，相当多的科学家并不相信电与热的关系能如此简单。

其实，很多事原本没这么复杂，只是人们把它想得复杂了。

焦耳定律适用于任何用电器热量的计算。

在纯电阻电路中（如白炽灯、电热器），电能全部转化成了内能，并没有转化为其他形式的能，这时电流通过导体产生的热量等于电流所做的功，即 $Q=W$；在电能没有全部转化为内能的非纯电阻电路（如电动机电路）中，电流通过导体产生的热量小于电流所做的功,即 $Q<W$。

　　焦耳定律的得出得益于精密的测量,焦耳这种一丝不苟的研究精神与他的学习经历有关。焦耳 16 岁时,他父亲请来著名的道尔顿给焦耳讲授初等数学、科学方法和化学。道尔顿对他说:"真正的实验并不在于观察现象,而是学会测量,然后运用数学知识从测量的结果中寻找规律,一切科学定律都是这样得到的。"

　　这句话被焦耳一生奉为信条。这真是一句话,一辈子!

31 | 安培真牛

人们很早就发现了电现象与磁现象,现在我们也知道它们有许多相似之处。

(1)带电体能吸引轻小物体;磁体能吸引铁、钴、镍。

(2)电荷有正、负;磁极有南(S)、北(N)。

(3)同种电荷相互排斥,异种电荷相互吸引;同名磁极相互排斥,异名磁极相互吸引。

(4)电荷周围有电场,磁体周围有磁场。

但是,长久以来在科学家的眼里电与磁却又是两条平行线,永远不会相交。发现电荷作用规律的库仑就曾断言:"电和磁两者之间没有关系,也不可能互相转换。"

但是电与磁之间真的毫无联系吗?也有一些人并不相信这种说法,比如丹麦物理学家奥斯特。他坚定地寻找电与磁之间的联系,虽然这并不容易。

1820年4月的一天,奥斯特在讲完课后,抱着试一试的想法把一根铜导线和磁针平行放置,结果小磁针竟然摆动了。他掉转电流的方向,小磁针的偏向也刚好相反,如图31-1所示。

小磁针的这一小小摆动可不得了,因为铜线与小磁针并不会发生力的作用,要让小磁针摆动,就必须将它放入磁场中。铜线通

图　31-1

电后小磁针发生摆动,这岂不是说铜线通电后产生了磁场?

这真是"踏破铁鞋无觅处,得来全不费工夫"。据说奥斯特当时兴奋地在讲台上跌了一跤。

后人把这一实验叫作奥斯特实验。奥斯特实验证明了电流周围存在磁场,第一次揭示了电与磁的联系。奥斯特也就成了"第一个吃螃蟹的人"。

但是,如果就此认为奥斯特是撞了大运,也很不公平。早在1807 年,他就开始试图寻找电力与磁力之间的联系,却屡屡失败。奥斯特之所以如此百折不挠地探究电与磁的联系,是因为相信自然界的各种力是统一的,光、电、磁等在一定条件下可以互相转化。

果然,成功源于坚如磐石的信念!

1820 年 7 月 21 日,奥斯特公布了他的实验结果。法国科学家安培听到了这一消息,敏锐地认识到了这一发现的重要性。他不仅重复了奥斯特实验,还进一步研究发现了通电螺线管的磁场与条形磁体的磁场非常相似,并且确定了通电螺线管的极性与螺线管中电流方向之间的关系,也就是我们现在所熟知的"通电螺线管的右手螺旋定则",也叫"安培定则",如图 31-2 所示。

用右手握住螺线管,让四指弯向螺线管中电流的方向,则大拇指所指的那端就是螺线管的 N 极,另一端为 S 极。

图 31-2

安培真牛！

此言不虚，安培的确有一个别称：电学中的牛顿。为了纪念安培的贡献，电流的国际单位"安培"就是以他的姓氏命名。

应用安培定则解决问题，是初中物理电磁部分作图题的常客。考查时，无非是已知电流方向，判断通电螺线管的 N 极，或者已知通电螺线管的 N 极，判断电流方向。再向外拓展，由电流方向可以联系到电源正、负极；由通电螺线管的 N 极可以联系到通电螺线管周围磁感线的方向、通电螺线管周围小磁针静止 N 极的指向等。

在以上所列各项中，已知其中一个，就能顺藤摸瓜地推出其余各项。如图 31-3 所示。

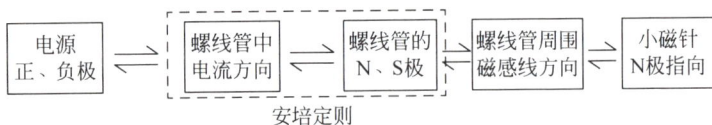

图 31-3

图 31-4 就是它们的"全家福"。

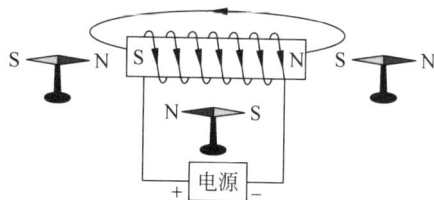

图　31-4

32 | 电动机 vs 发电机

1873 年 5 月 1 日，在《蓝色多瑙河》优美的旋律中，维也纳世博会隆重开幕。

在机械厅里，比利时工程师齐纳布·格拉姆紧张地连接他带来的发电机，准备向参观者展示。在《蓝色多瑙河》的旋律演奏完毕时，格拉姆恰好把发电机安装完毕。

当他把发电机输出端上的最后一根线搭上后，令人惊讶的一幕出现了：在没有任何动力机械带动的情况下，发电机竟然自动高速地旋转起来。

原来，格拉姆一时紧张，把旁边一个发电机的输出线接在他的发电机的输出线上面，这相当于给他的发电机线圈通电了。结果，他的发电机竟然变成了一个电动机。

闻讯而来的人看到后欣喜若狂：电能原来可以这么简单地转化为机械能！

早在 19 世纪 30 年代末，科学家就已经发明出来了电动机。由于不需要消耗燃料，不会产生污染，又容易控制，所以电动机备受青睐。但是，"理想很丰满，现实很骨感"，这些电动机必须用伏打电池来供电，并且产生的动力很小，又不耐用，用它生产得不偿失，因此一直不能广泛应用于实际。

格拉姆这个错误操作引发的现象让工程师们看到了曙光,因为这个现象预示着电动机与发电机可能具有类似的结构。

的确,现在的电动机与发电机都是定子和转子组成的,都包括了磁极、线圈、换向器等基本元件。但是,它们的原理却截然不同,能量转化更是恰好相反。

发电机的原理是电磁感应现象。

闭合电路的一部分导体在磁场中做切割磁感线运动时,导体中会产生感应电流,这种现象叫作电磁感应现象,产生的电流叫作感应电流。电磁感应现象是由英国物理学家法拉第于1831年发现的。

实验证明,感应电流的方向与导体运动方向和磁场方向有关。要想改变感应电流的方向,只改变导体运动方向或磁场方向都可以;若将导体运动方向或磁场方向同时改变,感应电流的方向则不会改变。这是因为,将导体运动方向和磁场方向同时改变,相当于将感应电流方向连续改变了两次,像"负负得正"一样,所以感应电流方向不会改变。

利用电磁感应现象制成的发电机在工作时,消耗了机械能,得到了电能。所以发电机在工作时是将机械能转化为电能。现在发电厂的发电机就是用水轮机、蒸汽轮机等动力装置带动的。

电动机的原理是磁场对电流的作用。

磁场的基本性质是对放入其中的磁体产生磁力的作用。通电导体周围也存在磁场,也可以看作一个磁体。因此,将通电导体放入磁场中,通电导体受到磁力的作用,由静止变为运动。实验发现,通电导体在磁场中受力的方向,既与磁场方向有关,也与导体中电流方向有关。只改变磁场方向或电流方向,通电导体受力方向发生变化;两个同时改变,导体受力方向不变。

将导体变为线圈，再加上换向器，通电后就能在磁场中连续转动了，这就是简易的电动机。电动机在工作时不断消耗电能，但是线圈转动，获得了机械能。所以，电动机是将电能转化为机械能的装置。

1873 年维也纳世博会后不久，更加实用的电动机问世了，更多能够将电能转化为机械能的技术和产品很快投入市场。格拉姆在维也纳世博会上的这次偶然失误，促使了更实用的电动机的诞生，拉开了人类由蒸汽时代进入电气时代的序幕。

33 如果你不懂物理，怎知我爱你有多深

2016 年 8 月 9 日是农历七月初七。"七夕"是牛郎织女鹊桥会的日子，这一天也是中国的"情人节"。

在这一天，我借物理知识写了一首小诗《如果你不懂物理，怎知我爱你有多深》，发布在个人微信公众号"堪寻"上。

从此，每年情人节、七夕节，甚至教师节，会有很多公众号转载这首小诗。只是，在多次转载之后，这首诗也就变成了出处不详、作者不详，被标注成了"来源于网络"。

现在，我把这首诗送给懂物理的你，希望你有一天你有机会送给懂物理的他/她。

如果你是太阳光
我就是三棱镜
读出你无人发现的秘密

> 1666 年，年轻的牛顿在乡下躲避瘟疫。他让一束照进房间的阳光通过三棱镜，发现白光被分解为红、橙、黄、绿、蓝、靛、紫 7 种色光，这种现象叫作光的色散。

如果你是分子
我就是温度
由你决定我情绪的高低

> 温度表示物体的冷热程度，反映了构成物体的大量分子作无规则运动的平均剧烈程度。

如果你是电话的话筒

我就是听筒

倾听着你的悲伤和欢喜

> 最简单的电话由话筒、听筒和电池组串联而成。

如果你是负电荷

我就是正电荷

吸引是正确选项的唯一

> 自然界只有正、负两种电荷。同种电荷相互排斥，异种电荷相互吸引。

如果你是用电器

我就是电源

爱的电流点燃无穷魅力

> 在电路中，电源将其他形式的能转化为电能，为电路提供持续电流；用电器消耗电能，满足人们的需要。

如果你是条形磁体的南极

我就是它的北极

愿生生世世永不分离

> 用细线系住条形磁体中心并悬挂起来，静止时一端指南，一端指北。指南的一端叫作南极，指北的一端叫作北极。磁极是磁体上磁性最强的地方，磁极总是成对地出现。

如果你是测量仪器的量程

我就是分度值

因为你是我所有幸福的累积

> 量程和分度值是选择测量仪器的重要指标。量程是测量仪器的测量范围，分度值是测量仪器的最小测量值。

如果你是科学探究

我就是物理

因为你是我亘古不变的主题

> 科学探究是物理学科核心素养之一，主要包括问题、证据、解释、交流等要素。

34 | 物理是最好的人生指南

这是本书的最后一章，那就说说我最想说的。

通过前面章节的阅读，初中物理知识你已经了解了十之八九，科学方法与思维也多有涉及。如果只是这些，相信你在其他类似的书上或者课堂上都能学到，也许还会比我讲得更好。所以，在这"最后一课"，我想与你分享一些如果我没有说也许永远没有人告诉你的事。

我想说的，都在下面三个将要分享的物理知识中。

首先，要说的是测量值。

测量值由数字和单位组成，在记录测量结果时，如果只写数字而未标明单位，是没有意义的。例如，1.7，如果没有标明单位，别人就无法确定是 1.7 m，还是 1.7 cm，或者是 1.7 kg、1.7℃、1.7 A、1.7 J，或者是 1.7 其他的什么。所以说，单位赋予数字意义。数字不能没有单位，人生也不能没有梦想。如果我们每天总是浑浑噩噩地，度过的每一天又有什么意义！是梦想让我们度过的每一刻每一秒有了意义。人生丢弃梦想，就像测量值遗失了单位，往后余生不过是一串没有意义的数字。

这是我想和你分享的第一个感悟：心中要有梦想。

接下来要说的是惯性。

慣性每天都与我们寸步不离，无论是你快速奔跑，不小心被地上的石头绊了一脚而狠狠地扑向大地母亲，还是你上课走神时，被老师从讲台掷出的粉笔头画出一道完美的抛物线击中额头，都少不了惯性的影子。物体有惯性，人何尝没有"惯性"呢？有的人做事拖延；而有的人积极进取，就是因为他们有着不同的惯性。"坏"的惯性，让我们得过且过，"好"的惯性，让我们日有所进。就像牛顿第一定律告诉我们的那样，运动的物体不需要外力就可以永远运动下去，所以真正让我们奋进的，不是外力的催促，而是扎根在内心深处不甘沉沦的惯性。

这是我想和你分享的第二个感悟：积极的心态。

最后，聊一聊电流。

形成电流的虽然是自由电荷，但是当自由电荷随意运动时，并不会产生电流，只有在电压的"压力"下，自由电荷向同一个方向运动，才会产生电流。电流在导体中流动时也不是畅通无阻的，例如，电流在流过灯丝时，就受到了阻碍，但也因此产生了光和热。我们的人生何尝不是如此呢？每个成功者走过的路也不是平坦笔直的，正是因为他们克服了一个个困难，人生才绽放出光和热。就像贝多芬，虽然遭受着耳聋、贫困的折磨，却以钢铁般的毅力创作出了《第九交响曲》。

这是我想和你分享的第三个物理感悟：不向困难低头。

从今天起，爱上学习，做一个心怀梦想的人，每天保持积极健康的心态投入到学习、生活之中，不向困难低头，化压力为动力，向着目标，勇敢前行。

后　记

读苏霍姆林斯基《给教师的建议》时,有一个案例让我印象深刻:一位有着 30 年教龄的历史老师上了一节公开课,这位老师的每一句话都极富感染力,以至于听课的教师都仿佛身临其境,竟然忘记了做听课记录。下课后,一位来自其他学校的听课老师好奇地问这位历史老师:"您花了多少时间来备这节课?"这位历史老师回答道:"对这节课,我准备了一辈子。而且,总的来说,对每一节课,我都是用终生的时间来备课的。不过,对这个课题的直接准备,或者说现场准备,只用了大约 15 分钟。"

这本书设计、写作大约用了 3 个月的时间,但书中每一章都包含我任教初中物理 25 年来积累的经验与感悟。2022 年 1 月初,本地疫情告急,我们迎来了一个意想不到的从 1 月 13 日到 2 月 28 日的超长寒假。这本书中大部分内容是在这个超长寒假完成的。白天大多数时间用来查阅资料、构思框架,回忆从教以来的一些教学经历,偶有思路或心得便及时记录在纸上。夜深人静,独自一人坐在电脑前,手指在键盘上时断时续地敲击,像是渔夫在捕获跃出海面的鱼儿。

这本书的顺利完成,最要感谢的是我的妻子张军粉女士,她是一位优秀的小学数学教师。正是因为她在这个寒假,承担了几乎所有家务和对孩子的照顾,才让我能安下心来完成这本书。

读完这本书,细心的读者可能会发现,书中看上去讲的是初中物理知识(当然这也是事实),但是却不局限于这些,还有隐含在物理知识之中的思维、方法,甚至你还会发现我在字里行间夹带的"私货"——将物理知识与人生哲理尝试建立联系的"野心"。我坦白,这不是"初犯",是"惯犯"。早在 2018 年,我在《发现不一样的物理》一书中就将初中物理绝大部分知识与人文结合。2021 年,我又申报并立项了邢台市教育科学"十四五"规划课题《指向育人价值的初中物理教学实践研究》(课题编号：2101117),在这条路上继续摸索,这本书也呈现了该课题立项以来我的一些新思考与收获。

最后,衷心希望这本书能让还没有学过初中物理的同学喜欢上初中物理,让正在学习初中物理的同学能学好初中物理,让学过初中物理的同学发现不一样的物理。

参 考 文 献

[1]　中华人民共和国教育部. 义务教育物理课程标准：2022 年版[M]. 北京：北京师范大学出版社,2022.

[2]　田成良,夏伟宁. 回归物理教学的本原：吴加澍物理教育思想研究[M]. 北京：北京师范大学出版社,2021.

[3]　[美]B. 格林. 宇宙的琴弦[M]. 李泳,译. 长沙：湖南科技出版社,2007.

[4]　[美]加来道雄. 不可能的物理[M]. 晓颖,译. 上海：上海科学技术文献出版社,2016.

[5]　[美]理查德·费曼. 发现的乐趣[M]. 朱宁雁,译. 北京：北京联合出版公司,2018.

[6]　[美]R. P. 费曼. 费曼讲物理：入门[M]. 秦克诚,译. 长沙：湖南科学技术出版社,2004.

[7]　[美]弗·卡约里. 物理学史[M]. 戴念祖,译. 范岱年,校. 桂林：广西师范大学出版社,2008.

[8]　[美]艾萨克森. 爱因斯坦传[M]. 张卜天,译. 长沙：湖南科学技术出版社,2014.

[9]　[英]托马斯(Thomas,J. M.). 法拉第和皇家研究院：一个人杰地灵的历史故事[M]. 周午纵,高川,译. 上海：上海科学技术出版社,2015.

[10]　[法]柯瓦雷. 伽利略研究[M]. 刘胜利,译. 北京：北京大学出版社,2008.

[11]　[英]约翰逊(Johnson,K). 物理[M]. 廖伯琴,等译. 上海：上海科学技术出版社,2016.

[12]　张虎岗. 直达高中名校：初中物理是这样学好的[M]. 杭州：浙江大学出版社,2015.

[13]　张虎岗. 发现不一样的物理[M]. 武汉：崇文书局,2018.

[14]　秦克诚. 方寸格致：邮票上的物理学史[M]. 北京：高等教育出版社,2014.